KB112166

천자문을
활짝 **열다**

천자문을 활짝 열다

발행일	2020년 1월 10일		
지은이	주흥사	해설	성기옥
펴낸이	손형국		
펴낸곳	(주)북랩		
편집인	선일영	편집	오경진, 강대건, 최예은, 최승헌, 김경무
디자인	이현수, 한수희, 김민하, 김윤주, 허지혜	제작	박기성, 황동현, 구성우, 장홍석
마케팅	김회란, 박진관, 조하라, 장은별		
출판등록	2004. 12. 1(제2012-000051호)		
주소	서울특별시 금천구 가산디지털 1로 168, 우림라이온스밸리 B동 B113~114호, C동 B101호		
홈페이지	www.book.co.kr		
전화번호	(02)2026-5777	팩스	(02)2026-5747

ISBN	979-11-6539-028-0 03150 (종이책)	979-11-6539-029-7 05150 (전자책)

이 도서의 국립중앙도서관 출판예정도서목록(CIP)은 서지정보유통지원시스템 홈페이지(http://seoji.nl.go.kr)와
국가자료공동목록시스템(http://www.nl.go.kr/kolisnet)에서 이용하실 수 있습니다.
(CIP제어번호: CIP2020001331)

(주)북랩 성공출판의 파트너

북랩 홈페이지와 패밀리 사이트에서 다양한 출판 솔루션을 만나 보세요!

홈페이지 book.co.kr • **블로그** blog.naver.com/essaybook • **출판문의** book@book.co.kr

함 축 미 의 서 사 시

천자문을
활짝 열다

주흥사 지음 / **성기옥** 해설

북랩 book Lab

본서는 효율적으로 천자문을 익히고 인터넷 한자 사전과 중국어 사전의 풀이를 구절에 맞게 적용하여 문장을 올바르게 풀이할 수 있는 능력 배양을 목표로 삼았다. 고전을 강의할 때마다 수강자로부터 많이 받는 질문은 다음과 같다.

"저는 한자 공부를 꽤 많이 하여 모르는 한자가 거의 없고 《논어》를 몇 번이나 읽었는데도, 왜 풀이가 잘 안 됩니까?"

한자 학습자들이 크게 오해하는 부분이 바로 이 질문자의 문제의식과 같다. 즉, 한자를 많이 아는 것과 한문 문장의 풀이는 상당 부분 다른 영역이라는 점이다. 비유하자면 총명한 유치원생이 모르는 한글은 없지만, 대학 국어를 잘 이해하지 못하는 것과 같다. 또 다른 문제는 익힌 한자를 활용하는 문제이다. 예를 들어, 수신(修身)과 신수(身修)를 풀이할 때, 수신은 몸을 다스린다는 뜻으로, 신수는 몸이 다스려진다고 풀이해야 한다. 그런데 한자 사전에서는 "악을 물리치고 선을 북돋아서 마음과 행실을 바르게 닦아 수양함"이라고 풀이되어 있다. 사전의 풀이는 대의를 설명한 것이지, 익힌 한자의 풀이 순서와는 그다지 관계가 없다. 이 문제는 단순한 것 같지만 실제로는 학습자를 가장 난처하게 만드는 문제이며, 이 때문에 익힌 한자와 풀이가 동떨어지는 결과를 낳았다고 생각한다.

한자는 고립어라는 특성 때문에 언어를 축약한 형태로 나타나지만, 그 사이에 말을 넣으면 대부분은 우리말 구성에도 알맞아야 한다. 아무리 축약된 형태라 할지라도 익힌 한자의 뜻을 잘 조합해서 정확하게 풀이하면 뜻이 통해야 한다. 그렇지 않으면 축약해 놓은 사람의 잘못이다. 다만 본문에서도 나오듯이, 관리의 선정을 의미하는 감당(甘棠)과 같은 단어는 자의만으로는 그 뜻을 전혀 짐작할 수 없다. 이러한 경우는 학습자의 한자 능력과는 그다지 관계가 없다. 또 다른 영역의 지식 문제이기 때문이다. 그러나 대부분은 익힌 한자의 조합만으로 뜻이 통하게 되어 있으며, 그렇게 구성해야만 한다. 자칫 잘못 풀이되기 쉬운 시구를 소개하면 다음과 같다.

靜坐處茶半香初 조용히 앉아서 누리는 차 맛에는 절정의 향기가 시작되고
정 좌 처 다 반 향 초
妙用時水流花開 오묘하게 작용하는 알맞은 때의 물에는 떠도는 꽃 피어나네.
묘 용 시 수 류 화 개

약 300자 정도의 한자만 익히면 누구라도 읽을 수 있고, 쉽게 풀이할 수 있는 문장이다. 그런데도 '반향'은 반쯤 남은 향기라든가, '수류'는 물이 흐른다고 무리하게 풀이되는 까닭은, 익힌 한자를 제대로 활용하지 못했기 때문이다. 우선 '처'는 곳이라는 뜻의 고정관념에 얽매여, 누리다는 뜻을 활용할 생각을 대개 하지 않는다. '반'은 절반의 뜻만 있는 것이 아니라 절정이라는 뜻도 있다. '초'를 처음으로만 생각하면, 부사이므로 마지막에 배치될 수 없다. '유'에는 흐른다는 뜻만 있는 것이 아니라 떠돈다는 뜻도 있다. 모두 현대의 사전에 등재되어 있다. 이러한 문제의식의 바탕 위에 익힌 한자를 올바르게 적용하는 방법의 참고자료로 삼기 위해 천자문 풀이를 시도하게 되었다.

천자문은 위진남북조 시대에 양나라의 원외산기시랑(員外散騎侍郎)인 주흥사(周興嗣)가 일천 자로 구성한 운문이다. 단순히 천자문으로만 알려졌지만, 실제로는 250구로 이루어진 고체시다. 고대에는 산문을 필(筆), 운문을 문(文)으로 분류했기 때문에 천자문이라는 말 자체는 실은 일천 자로 이루어진 시를 뜻한다. 중복되지 않은 일천 자를 사언으로 구성했으므로 외우기가 쉬워서 한자 입문 교재로 많이 사용하기도 하지만, 중국의 역사, 문화, 인물, 산물 등을 함축적으로 서술하고, 《역경》과 《시경》을 비롯하여 수많은 서적의 전고를 바탕삼은 구가 많이 들어 있기에 그 내용은 단순하지 않다.

　어린 학생들에게는 한자의 뜻을 익히는 정도에서 그치는 것이 좋을 것이다. 하룻밤 사이에 구성한 후 머리가 하얘졌다 해서 백수문(白首文)이라고도 불리며, 마지막 구를 구성할 때는 꿈속에서 현인의 계시까지 있었다는 야사는 그만큼 구성이 치밀하고 심혈을 기울인 문장이라는 정도로 여기면 될 것이다. 한자교정과 독자의 입장에서 제목을 달아주신 이상하, 박완수 선생님께 감사드린다.

2020년 1월
성기옥 삼가 쓰다

목차

月出天山苍茫云海间
胡窥青海湾主人有酒欢今
长风几万里吹度玉门关炉华烛
汉下白登道

은자의 충간으로 옥당을 울리다

천자문은 전체를 살필 때와 두 구를 독립적으로 살필 때 상당 부분 내용이 달리 풀이될 수 있는 문장이므로, 먼저 전체의 대강을 살펴보면 내용 이해에 도움이 될 것이다. 일반적으로 일천 자를 중복시키지 않고 절묘하게 엮은 점만 부각되어 있지만, 수미가 일관되고 정련된 신하의 상주문임을 알 수 있다. 단순히 독립된 구의 뜻으로 엮었다면 제아무리 훌륭한 구성일지라도 천자문의 가치는 현저하게 떨어질 것이며, 회자될 까닭도, 회자될 수도 없었을 것이다. 사언절구로써 그 차이를 나타내 보면 다음과 같다.

대한민국(大韓民國) 금수강산(錦繡江山)
한려수도(閑麗水道) 몽중선환(夢中仙寰)

만약 이와 같은 구성이라면 설령 2천 자를 중복시키지 않았다 할지라도 그다지 구성할 가치가 없다. 단순한 자구의 나열만으로는 큰 의미를 전달하지 못하기 때문이다. 첫 구절과 마지막 구절은 상주문의 형식을 취하기 위해 더했다.

산기시랑 흥사는 제왕의 뜻을 받들어 다음과 같이 상주합니다.

천지는 검고도 누런빛으로 혼재되어 있고
우주는 원래부터 넓고도 거칠었습니다.

해가 기울면 달은 차는 법이며

별자리는 열을 지어 펼쳐져 있습니다.

추위가 오면 더위가 가는 속에

가을에는 수습하고 겨울에는 잠복하는 것이 천도입니다.

이러한 현상에 윤월이란 여분으로 한 해, 한 해를 반복시켰으며

육률과 육여를 정하면서 음양을 살펴 24절기도 정했으니

구름이 비등하면 비를 이루고

이슬이 응결하면 서리로 변하는 이치와 같은 것입니다.

황금은 여수에서 생산되고

옥은 곤강에서 출토되며

천하의 보검은 거궐을 일컫고

천하의 주옥은 야광주를 일컬으며

예로부터 과일은 자두와 능금을 일컫고

진미의 바탕에는 겨자와 생강을 중시했으니

천하통일의 대업 후 제왕은 이와 같은 보물을 향유할 수 있고

천하의 과일과 진미의 근본을 맛볼 수 있습니다.

바닷물은 짜고 강물은 담담하며

물고기는 잠영하고 새는 비상합니다.

삼척동자라도 아는 자연현상이지만

선조는 이 평범한 현상에서 지혜를 발휘했으니

복희씨의 용마를 본뜬 관직명과 신농씨의 불이여!

소호씨의 새를 본뜬 관직명과 인황씨의 무기 발명이여!

창힐은 새의 발자국을 관찰하여 문자를 만들었고

누조의 양잠으로 옷을 입게 된 것이 어찌 우연이겠습니까!

제위에 적합한 자를 추천받아 나라를 선양했으니
어리석은 자식에게 집착하지 않은 요순의 현명함이여!
백성을 위로하고 죄지은 통치자를 벌주었으니
주나라 무왕과 은나라 탕왕이 받든 천심이여!
군주가 신하와 마주앉아 치국의 도리를 질문할 때는
옷자락을 늘어뜨리고 팔짱을 끼는 예만으로도 평안한 법입니다.
하물며 제왕이 백성에게 온갖 애정을 쏟아 다스리니
변방의 융족과 강족조차 어찌 신하로서 굴복하지 않겠습니까!
이와 같은 노력으로 천하를 통일하면
사해의 물가 끝까지 제왕에게 귀속되어 있을 것입니다.
봉황은 오동나무에 날아들어 기쁜 울음을 토해내고
백구와 같은 현신은 제왕의 통치하에 녹을 받을 것입니다.
이와 같은 성군의 교화가 초목처럼 무성해야
천하의 백성들은 제왕의 통치에 의지할 것입니다.

원래 인간의 신체발부는 사대오상으로 이루어졌으니
천지와 부모와 스승으로부터 받은 인의예지신이 바탕입니다.
특히 부모가 조심조심하며 오직 사랑으로 양육해 준 몸이니
어찌 감히 훼손하거나 손상시킬 수 있겠습니까!
이에 더해 여인은 언제나 자신의 몸을 정결하게 해야 하듯이
이에 더해 장부는 재능과 훌륭한 덕을 쌓아야 하듯이
이에 더해 타인의 단점을 논하지 말아야 하듯이
이에 더해 자신의 장점에 오만해지지 않아야 하듯이

이와 같은 방법으로 신용을 더한다면
완성된 그릇의 크기는 어찌 헤아릴 수 있겠습니까!

묵자는 실이 염색되는 과정에서도 슬픔을 느꼈으니
악인에게 물든 군주의 그릇된 정치를 염려했기 때문입니다.
그러나 새끼 양가죽으로 만든 옷을 입고 한가로움을 즐겼으니
은혜 입은 신하 모습은 〈고양〉이란 노래로 찬양되었습니다.
제왕은 덕행으로 빛나야 현인의 수준을 유지할 수 있고
제왕은 사념을 극복해야 성인의 수준에 이를 수 있습니다.
제왕은 도덕이 강건해야 명성이 확립될 수 있으며
제왕은 외형이 단정하고 표정도 정직해야 합니다.
비록 보잘것없는 자가 텅 빈 계곡에서 전달하는 소리지만
허심의 옥당에서 부디 귀 기울여 살펴주시길!

화는 악을 인연삼은 적폐이며
복은 선을 인연삼은 경사라는 것은 누구나 잘 알고 있습니다.
그러한 까닭에 제왕은 벽옥을 보물로 여길 것이 아니라
일촌광음에도 선을 쌓으려 힘써야 합니다.
그러한 제왕에게 신하는 부친을 모시는 심정으로
존엄이라 일컬으며 종사할 것입니다.
효의 실천에는 당연히 자신의 온 힘을 다 쏟아야 하듯이
충성의 실천에는 생명을 다할 것입니다.
살얼음을 밟듯이 온 힘을 기울일 것이며
일찍 일어나 찬 기운을 데우듯이 모실 것입니다.

충신의 언행은 난초처럼 향기롭고

충신의 언행은 소나무처럼 성대한 법입니다.

충신은 시내의 흐름처럼 쉬지 않고 제왕을 받드니

제왕이라는 연못이 햇살을 취하는 것과 같습니다.

충신의 몸가짐은 반야 그 자체이며

사양의 언사는 자신의 정도를 지킬 것입니다.

제왕을 모시는 시작부터 진실로 아름다울 것이며

본분을 마치는 날까지 마땅히 훌륭할 것입니다.

영예의 공업에 충신의 중용으로 기반을 튼튼히 하면

역사의 성대한 기록은 그 끝을 알 수 없을 것입니다.

만약 학문의 우수성을 인정받아 중용된다면

최선을 다해 정사를 받들 것입니다.

그러한 최선은 소공이 감당나무아래서 펼친 선정과 같을 것이니

백성들은 그의 사후에도 〈감당〉의 노래로 더욱 그리워했습니다.

음악의 제정은 귀천에 따라 달리 정하고

예도의 실행 역시 존비에 따라 구분해야 합니다.

상급자는 온화하고 하급자는 친목하도록 교화하는 일은

장부의 주창에 부인이 따르는 것과 같습니다.

밖에서는 스승의 가르침을 받들고

집에서는 부모의 뜻을 받들도록 교화해야 합니다.

고모와 백부와 숙부는 부모와 같으니

그들의 자식들도 자신의 자식으로 여기도록 교화해야 합니다.

형제간에는 우애를 장려해야 하니

동일한 기운은 가지가 연결된 것과 같기 때문입니다.

교분에는 자신의 직분이나 재물을 내던질 수 있어야 하고
모범으로 서로를 북돋아 주도록 교화해야 합니다.
인의와 자애는 슬픔을 가려주는 행위이니
조차지간에도 간직할 수 있도록 권장해야 합니다.
절조와 청렴결백과 사양의 태도는
폭우가 쏟아지는 순간에도 잊지 않도록 권장해야 합니다.
안정된 성품과 감정을 가지도록 교화해야 하니
마음이 동요하면 정신이 피폐해지기 때문입니다.
참된 본성을 유지하여 충만한 지기를 길러야 하니
물욕에 어두워지면 성정의 본의는 소실되기 때문입니다.
고아한 지조를 견지한 신하를 보면
말이 고삐에 절로 매이듯이 중용해야 합니다.

역사상 화려하고 광대한 도읍을 생각해 보면
동쪽의 낙양과 서쪽의 장안을 들 수 있습니다.
낙양은 북망산을 배경 삼고
낙수를 면전에 두었으며
장안은 위수에 떠 있는 것 같고
경수에 의지한 것 같은 형세입니다.
여러 궁전의 모습은 굽이 돈 쟁반과 울창한 숲과 같고
도관인 누관대는 비상의 형세로 감탄을 자아냅니다.
궁전 속의 그림은 온갖 새와 짐승을 묘사했고
궁전 속의 벽화는 온갖 신령의 모습을 채색했습니다.
비빈이 거처하는 편전 문이 양방향으로 열리면
침실 휘장인 갑장은 붉은 기둥을 마주합니다.

대자리를 펼쳐 주연을 마련하고

슬과 생황의 연주로 분위기를 고취시킵니다.

신하가 구층 계단 위로 올라가 제왕 앞에 서면

등불에 비친 관모의 구슬은 반짝이는 별과 같습니다.

우측에는 장서각인 광내전이 있고

좌측에는 군신이 모이는 승명전이 있습니다.

광내전에는 삼분오전의 서적을 구비했고

승명전에는 군웅과 영웅을 모았습니다.

신필 두도의 초고와 서성 종요의 예서를 볼 수 있고

옻 액으로 쓴 서적과 공자 고택에서 발견된 경서도 있습니다.

궁궐의 각 부에서 장군과 재상을 모은 다음

제왕은 길에서 삼공과 구경을 끼고 행차했습니다.

삼공, 구경의 가가호호마다 8현을 봉해 주었고

삼공, 구경의 가가호호마다 천 명의 호위병을 내려주었습니다.

고고한 관모를 쓴 재상과 장군은 제왕의 수레를 호위했으니

내달릴 때의 수레바퀴는 고관의 갓끈을 진동시켰습니다.

장군과 재상은 세대에 걸친 작록으로 사치하고 부유했으니

수레 위의 사람들은 모두 살지고 갖옷을 입었습니다.

재상의 책략과 장군의 무공은 무성한 잎과 열매 같아

그들의 공은 비석과 금속과 사람들의 마음속에 새겨졌습니다.

먼저 주나라 태공망과 상나라 이윤을 들 수 있으니

그들은 군주가 기댈 수 있는 언덕과 저울 같은 존재였습니다.

주나라 성왕은 순식간에 곡부를 수도로 정할 수 있었으니

주밀하게 보좌한 주공이 아니면 어찌 가능했겠습니까!

현신들의 책략으로 제나라 환공은 천하의 제후들을 규합하고

약소국을 구제하고 치국에 힘을 기울일 수 있었습니다.

기리계를 비롯한 상산사호는 한혜제의 등극을 도왔으며

부열은 무정군주를 보좌하여 나라를 부흥시켰습니다.

준걸과 현사들의 빈틈없는 책략과 노력으로

나라의 안녕과 발전을 이룩했습니다.

책략의 여부에 따라 진나라와 초나라의 패권이 바뀌었으며

조나라와 위나라도 장의의 연횡책에 결국 망했습니다.

진나라는 우나라 길을 빌려 괵나라를 멸망시킨 후

천토 지방에서 맹주로 추대되었습니다.

소하는 간략한 형법을 준수시킨 책략을 썼고

한비 역시 번잡한 형법을 제거하려 했습니다.

진나라 백기와 왕전과 조나라 염파와 이목 장군은

용병술에 정통하여 자유자재로 군사를 부렸으니

드날린 명성은 사막 지역까지 진동했고

새겨진 공로는 단청처럼 뚜렷합니다.

중국의 곳곳에는 아직도 우의 치수 흔적이 남아있고

한나라 백여 군은 진나라를 합병한 결과입니다.

제왕은 태산에 올라 하늘에 치적을 알리는 봉제를 거행했고

운정산에서는 지신에게 알리는 선제를 거행했습니다.

천하제일 안문관과 자색 요새로 불리는 만리장성을 축조했고

계전의 역참과 노을 같은 적성은 융성의 상징입니다.
곤명지의 광활함과 바다를 조망할 수 있는 갈석산이여!
거야의 거대 늪과 동정호의 광활함이여!
광야와 원경의 면면하고도 아득한 모습이여!
기암과 봉우리의 묘연하고도 은은한 모습이여!

치국의 근본은 농업에서 시작되니
때에 맞게 곡식을 심을 수 있도록 장려해야 합니다.
남쪽 이랑을 갈고 일구며
집착하듯이 오곡을 심도록 해야 합니다.
풍년이 들어야 세금을 잘 거두고 제사 지낼 수 있으니
적절한 상벌로써 풍년을 독려해야 합니다.

맹가는 근본 행실이 도타웠고
위나라 대부 사어는 죽어서까지 강직함을 지켰습니다.
그들은 충신의 올바른 등용을 바라고도 바랐으니
충신은 삼가 받든 칙령대로 온 힘을 쏟기 때문입니다.
군주가 충간을 받아들여 도리를 관찰하며
아첨을 구분하고 미색을 경계하도록 충간하기 때문입니다.
그들이 군주에게 끼친 영향은 가상하고도 훌륭했으니
그들이 충간한 말은 삼가 받들어야 할 것입니다.
반성에는 타인의 충간과 비판을 잘 받아들여야 하니
비판을 총애하면 오만의 극치를 경계할 수 있기 때문입니다.

신하 역시 오욕을 두려워해야 수치를 알 수 있으니

이러한 신하라면 삼림과 언덕에서 더욱 기뻐하는 법입니다.

한대의 소광과 소수는 바로 이러한 대표적 사례이니

스스로 인끈을 해제함으로써 누가 핍박할 수 있었겠습니까!

고향으로 돌아가 한가로이 거처하니

침묵과 적료를 즐기는 일상이었습니다.

선현의 서적을 탐구하고 논하면서

근심을 멀리하고 소요하는 일상이었습니다.

이러한 일상에는 기쁨만 모여들고 누 되는 일은 멀어졌으며

근심에서 멀어지자 환희만 가득했습니다.

곱고도 선명한 개천의 연꽃을 감상하고

싹 터 자라는 초목의 완상이 일상이었습니다.

비파 잎은 늦게까지 푸르렀고

오동잎은 조락하며 가을을 알렸습니다.

묵은 뿌리 시들어도 또다시 새봄을 기다렸고

낙엽 나부껴 오르다 떨어지는 가을을 즐겼습니다.

북해에서 유영하던 큰 물고기 곤은 독립하여

남쪽 바다로 운신할 생각에 대붕으로 변한 후

구름을 능가하며 진홍빛 하늘까지 날 수 있는 기량을 연마하여

6개월 후에 남쪽 바다에 도착했다는 호연지기를 생각했습니다.

왕충은 독서에 탐닉했으나 책을 살 수 없는 형편이어서

시장의 서점을 희롱할 정도로 외워버렸으니

눈을 맡기는 책마다

머릿속은 서낭과 서상으로 변한 것과 마찬가지인 생활이었습니다.

가벼운 수레라고 경시하면 위태로워지듯이 두루 잘 살피시어

담장에 귀를 대고 불러주기를 바라는 간절한 모습을 보아주시길 바랍니다.

반찬을 구비하고 밥을 먹을 때

구미에 적당하면 위장 채우는 일은 당연하게 여깁니다.

포만하면 아무리 진미를 권해도 물리는 법이지만

기아에 허덕이면 술지게미조차도 족한 법과 마찬가지입니다.

친척은 여러 대를 이어온 집안이므로

노소를 막론하고 어려우면 양식으로 돕는 것과 마찬가지입니다.

시첩은 길쌈의 책임을 맡고

시첩은 침실에서 시중듭니다.

둥글게 재단된 비단부채를 들 때

은 촛불은 휘황찬란합니다.

제왕의 낮잠에는 푸른 대껍질 침상이요

밤에는 상아 침상을 사용합니다.

연회를 열어 술 마시고 노래하며

거듭 술잔을 부딪쳐 건배합니다.

전별시의 신하들은 몸가짐을 바로 하고

연회의 참석을 기뻐하며 제왕의 강녕을 기원합니다.

그러나 가장 중요한 것은 정실의 후사가 계속되어야 하니

그래야만 제사는 오래오래 이어질 수 있을 것입니다.

정실의 후손이 제사를 지낼 때는 이마를 조아리며 재배하면서

제물이나 정성이 부족할까 송구해 하고 황공해 할 것입니다.

어명은 간요한 구성을 요구했으나

답을 돌아보니 자질구레할 뿐입니다.
몸이 더러워지면 목욕을 생각하듯이
집필이 가열되니 몸은 맑은 술을 원합니다.

당나귀와 노새와 송아지나 수소 등은 소중한 가축이어서
조심해서 다루어야 하듯이 백성도 마찬가지입니다.
역적과 강도를 주살하고 참수하는 일에 힘써야 하고
배반자와 도망자를 포획하는 일에 힘써야 합니다.

또한 여포의 활쏘기와 웅의료의 구슬 묘기에서 알 수 있듯이
혜강의 거문고 연주와 완적의 휘파람 신기에서 알 수 있듯이
몽염의 이리 털 붓과 채륜의 종이 발명에서 알 수 있듯이
마균의 발명 기교와 임공자의 대어낚시에서 알 수 있듯이
그들의 기예는 세속을 이롭게 했으니
이처럼 훌륭한 재주는 장려되어야 합니다.
가녀린 서시의 아름다운 자태는
찌푸린 눈살조차 농염한 웃음으로 오해받는 것처럼 백성을 보살펴야 합니다.

한 해라는 화살이 매양 재촉할지라도
해의 광채는 변함없이 양나라를 밝게 비춥니다.
북두칠성이 하늘에 매달려 영원히 돌듯이
그믐달이 선회하여 보름달 되어 비추듯이
제왕이 섶을 자처하여 백성에게 길이 복을 전하면
정벌하여 영원히 정기를 세우고 싶은 소 지방까지도 길하게 할 것입니다.
양나라의 융성에 제왕의 걸음걸이는 더욱 위엄을 더해

회랑과 종묘를 굽어보고 쳐다보게 될 것입니다.
관대를 장식하고 긍지와 장중함을 갖추어
배회하며 천하를 바라보고 바라보게 될 것입니다.

지금까지 고루하고 작은 견문으로 겨우 엮었으니
무지몽매의 구성을 부디 꾸짖어 주길 바랍니다.
한편으로 지금까지의 말로써 치국에 도움되고자 하니
경시하면 오랑캐의 재앙이 보다 더 잇달을 것입니다.

신은 승은의 감격을 이기지 못해 견마지로의 심정으로 삼가 올렸습니다.

제1·2구 天地玄黃 宇宙洪荒

tiān dì xuán huáng yǔ zhòu hóng huāng

천지(天地)는 검고도(玄) 누런(黃) 빛깔이 뒤섞인 상태이며
우주(宇宙)는 태초부터 넓고도(洪) 황량(荒涼)한 상태였다네

天(하늘 천: 하늘), 地(땅 지: 대지), 玄(검을 현: 검다. 현묘하다. 검은빛), 黃(누를
황: 누렇다)
宇(집 우: 집), 宙(집 주: 집), 洪(넓을 홍: 넓다. 크다. 홍수), 荒(거칠 황: 거칠다)

천지현황은 천자문이 전래된 이래로 하늘은 검고 땅은 누렇다고 풀이되
어 온 구이다. 그런데 하늘은 검고 땅은 누렇다고 구성하려면, 천현지황
(天玄地黃)이 되어야지, 천지현황은 잘못된 구성이다. 이 구는 《역경·문
언(文言)》의 "夫玄黃者(부현황자), 天地之雜也(천지지잡야). 天玄而地黃
(천현이지황)."에 근거한다. 무릇 현황이라는 것은, 천지의 색깔이 뒤섞인
것이다. 하늘은 검고 땅은 누렇다고 풀이된다. 물론 풀이처럼 간단한 뜻
은 아니다. 《역경》에서 천은 건괘(乾卦 ☰)로 표시되며, 양의 기운, 강건,
임금, 남편의 뜻으로 풀이된다. '지'는 곤괘(坤卦 ☷)로 표시되며 음의 기
운, 순종, 신하, 아내의 뜻으로 풀이된다.

건곤의 최상 조합은 위군진명(爲君盡命)과 부창부수(夫唱婦隨)로 신하
는 군주를 위해 목숨을 바칠 수 있어야 나라는 평안해지고, 남편이 선창
하면 아내는 반드시 따라 주어야 가정이 화목해진다고 보는 것이다. 그런
데 신하의 세력이 군주와 대등하거나 혹은 군주를 능가하고, 아내가 남편

에게 복종하지 않는다면 반드시 불화가 생긴다는 뜻이 천현지황이다. 최악의 건곤 조합이다. 천현지황은 음이 양에게 의심받으면 반드시 전쟁이 일어난다와 용이 들판에서 싸우면 그 피는 검고도 누렇다는 설명이다. 이때의 용은 암수를 가리키며, 수놈은 하늘, 암놈은 땅을 상징한다. 현은 아무것도 볼 수 없는 신묘하게 검은색으로 하늘을 상징하고, 황은 누런 색으로 땅을 상징한다.

천지현황은 천현지황을 도치시킨 것이다. 그런데 도치를 시킬 때는 마음대로 도치시키는 것이 아니라 명확한 근거가 있어야 한다. 이 명확한 근거의 인용을 흔히 명인(明引)이라고도 한다. 치국의 도리를 나타내는 수신제가 치국평천하도《대학》원문에는 이러한 구가 없다. 신수(身修), 가제(家齊), 국치(國治), 천하평(天下平)에 대한 설명을 도치로 조합한 구다.

둘 다 뜻은 비슷하지만, 수신제가 치국평천하는 修(동사)/身(목적어)/齊(동사)/家(목적어)/治(동사)/國(목적어)/平(동사)/天下(목적어) 구조로 보아 몸을 수양하고, 가정을 질서 있게 한 후에야 나라를 다스릴 수 있고, 천하를 평안하게 할 수 있다고 풀이해야 한다.

신수가제 국치천하평은 身(주어)/修(동사)/家(주어)/齊(동사)/國(주어)/治(동사)/天下(주어)/平(동사) 구조로 몸이 다스려져야 가정은 질서 정연해지고, 가정이 질서정연해져야 나라도 다스려지고, 나라가 다스려져야 천하는 평안해진다로 풀이해야 한다.

대의를 깨닫는 것은 차후의 문제다. 익힌 한자를 사전의 풀이에 의하지 않고, 대의를 설명해 놓은 구나 문장을 한자와 유리시켜 외우는 형식에는 한계가 있다. 이러한 방식에 익숙해지지 않고서는 제아무리 한자를 많이 익혀 본들 한자 그 자체의 암기 능력에 그칠 뿐, 응용하여 문장을 풀어내는 데는 어려움이 따를 수밖에 없다.

다만 한자의 특성이 고립어인 이상, 최소한의 사이 말은 필요하며, 사이 말을 보충하면 대부분의 문장은 우리말로도 성립되어야 한다. 한자를 1,200자 정도 익혀서 위와 같은 방법으로 문장을 풀이할 수 있다면, 명문장이라 일컫는 고전도 대부분 풀이할 수 있을 것이다. 이러한 방법으로 풀이했는데도 그 뜻을 알 수 없다면 그것은 한자의 문제가 아니라 독서력의 문제일 것이다.

또한, 천자문은 250구로 이루어진 시라는 점을 염두에 두어야 한다. 고대에는 운문을 문(文), 산문을 필(筆)로 구분했다. 문필이라는 말은 운문과 산문 모두를 가리킨다. 시에서 가장 중요한 요소는 압운(押韻)과 대장(對仗)이다. 대장은 대구와 비슷한 개념으로 산문과 운문을 통틀어 한문문장의 주요 특징이다. 천현지황이라 하지 않고 천지현황이라고 구성한 까닭은 우주홍황과 대장하기 위해서다.

天地/(자연, 명사)/玄(형용동사)/黃(형용동사)
宇宙/(자연, 명사)/洪(형용동사)/荒(형용동사)

천지와 우주처럼 자연에는 대부분 자연, 색깔에는 대부분 색깔로 대장하며, 최소한 품사만이라도 동일해야 한다. 대장의 특징은 표현의 선명성에 있으며 한자의 구성에서 표현할 수 있는 주요 장점이다. 천과 지는 서로 반대되는 말의 조합으로 이를 반대(反對)라 한다. 우와 주는 비슷한 말의 조합으로 이를 인대(隣對)라 한다. 반대가 인대보다 선명성을 가지지만, 적절하게 섞이기 마련이다.

천현지황이라고 구성하더라도, 구 자체에서 천현과 지황은 선명하게 대장된다. 그렇다면 우주홍황이 천현지황에 대장되기 위해서는 우홍주황이 되어야 한다. 우홍주황은 아무래도 이상하지 않은가! 말은 가능한 한 자연스러워야 한다. 우주는 습관상 붙여 쓰는 말로 분리되기 어렵다. 천지와 우주, 현황과 홍황으로 대장하기 위해 천현지황을 도치시켜 천지현황으로 구성한 것이다.

모든 구를 대장시킬 수는 없지만 일천 자의 제한된 글자를 중복시키지 않으면서 얼마나 대장에 심혈을 기울였는지를 보아내기 바란다. 대장을 생명으로 삼는 문장을 변려문이라 하며, 남북조 시대에 크게 유행했다. 변려문의 특징은 표현만 화려하고 내용은 빈약해질 우려가 크지만, 천자문처럼 문질빈빈(文質彬彬)으로 구성될 수 있다면, 문체의 으뜸이라 할 수 있다는 점이다. 우주홍황의 대장으로 천지현황으로 구성되었으며, 함의는 하늘은 검고 땅은 누렇다고 할지라도 먼저 천지는 검고도 누렇다고 풀이해야 한다. 《역경》의 인용이 없다면, 천지현황이라 쓰고 하늘은 검고 땅은 누렇다는 풀이는 매우 잘못된 것이다.

시에서 가장 중요한 요소는 압운(押韻)이다. 시와 산문의 차이는 압운의 여부에 있다. 압운이란 짝수 구의 마지막에 비슷한 글자를 배치하여 리듬을 조절하는 역할을 한다. 천자문은 사언으로 이루어진 고체시이며 당연히 압운되어 있다. 한자를 시에서 말할 때는 운자(韻字)라고 한다. 성조(聲調)를 더해서 음악성을 갖기 때문이다. 압운은 짝수 구의 마지막에 배치된 운자로 리듬을 조절하는 역할을 한다.

제1구 천지현황(天地玄黃)
제2구 우주홍황(宇宙洪荒)

제3구 일월영측(日月盈昃)

제4구 진수열장(辰宿列張)

제5구 한래서왕(寒來暑往)

제6구 추수동장(秋收冬藏)

제7구 윤여성세(閏餘成歲)

제8구 율려조양(律呂調陽)

혼동되지 않도록 홀수 구를 철저히 무시하고 반드시 짝수 구만 살펴보길 바란다. 제2/4/6/8구의 마지막 운자는 황, 장, 장, 양으로 구성되었다. 한자의 뜻과는 관계없이 언제나 ㅇ으로 끝난다는 규칙을 발견할 수 있다. 이와 같은 규칙을 적용하는 방법을 압운이라 한다. 압운의 방법에는 두 가지가 있다. 하나는 일운도저격(一韻到低格)으로, 제2구의 우주홍황에서 보듯이 짝수 구의 마지막에 ㅇ이 오는 운자가 배치되었으면, 이후부터는 길이와 관계없이 짝수 구에는 모두 ㅇ이 오는 운자를 배치해야 한다.

제4구 진수열장에서 장은 펼친다는 뜻이다. 펼친다는 뜻으로 쓰이는 운자는 장(張) 외에 전(展)도 쓰인다. 그러나 제2구의 우주홍황에서 황이 ㅇ으로 끝났으므로, 진수열전(辰宿列展)으로는 구성할 수 없다. 전(展)은 ㄴ 받침으로 끝나기 때문이다. 제아무리 전(展)이 장(張)보다 적합한 운자일지라도 전(展)을 쓸 수는 없다. 이러한 구성은 애당초 존재할 수도 없을 뿐더러, 설령 이렇게 구성했다 할지라도 가치 없는 구성이어서 천자문은 전해지지 않았을 것이다.

압운의 또 다른 방법은 환운(換韻)이다. 8구 이상의 긴 문장으로 구성하려면 위의 경우처럼 모든 구를 ㅇ 받침이 오는 운자로 구성하기는 매우 어렵다. 이때 다른 발음으로 끝나는 운자로 바꾸어 주는 방법을 환운이라 한다. 천자문 구성은 환운 방법이 적용되었다. 시의 구성은 반드시 압운해야 한다. 압운하면 표현에 제약이 따르지만, 리듬감이 생기며 노래가 되는 것이다. 그리고 낭송할 때는 일반적으로 네 구를 하나의 노래로 보아 낭송하는 것이 좋다. 실제로 적용해 보면 천지현황, 우주홍황, 일월영측, 진수열장은 쉽게 익숙해지지만, 천지현황, 우주홍황, 일월영측, 진수열전은 쉽게 익숙해지지도 않을뿐더러 리듬감이 생기지도 않는다는 사실을 알 수 있다. 압운의 구체적인 방법은 한시 작법 관련 서적으로 익혀야 한다. 대장과 압운의 이해는 천자문을 비롯하여 한시 이해에 필수다.

일월(日月)은 차거나(盈) 기울며(昃)

별자리(辰宿)는 열을 지어(列) 펼쳐지네(張)

日(날 일: 해), 月(달 월: 달), 盈(찰 영: 차다), 昃(기울 측: 기울다)

辰(별 진, 때 신: 별의 이름. 별의 총칭), 宿(잘 숙, 별자리 수: 자다. 별자리(수), 列

(벌일 렬: 벌이다. 줄짓다), 張(베풀 장: 드러내다. 펼치다)

    일월영측은 천지현황에서 설명한 바와 같이, 일측월영의 도치이다. 해는 기울고 달은 차다가 본의이다. 해가 서쪽으로 기우는 것을 측이라 한다. 대장의 분석은 다음과 같다.

日月(자연, 명사)/盈(형용동사)/昃(형용동사)

辰宿(자연, 명사)/列(형용동사)/張(형용동사)

제5·6구 寒來暑往 秋收冬藏

hán lái shǔ wǎng qiū shōu dōng cáng

추위(寒)가 오면(來) 더위(暑)는 물러가는(往) 것이 자연의 법칙이듯이
가을(秋)에는 수습(收拾)하고 겨울(冬)에는 잠복(藏)하는 것이 천도라네

寒(찰 한: 춥다. 추위), 來(올 래: 오다), 暑(더울 서: 덥다. 더위), 往(갈 왕: 가다)
秋(가을 추: 가을. 때), 收(거둘 수: 거두다. 곡식이 여물다), 冬(겨울 동: 겨울), 藏
(감출 장: 숨다. 저장하다)

두 구의 구성은 인용 근거가 필요 없지만, 근거를 굳이 찾는다면, 한래
서왕은 《역경·계사하(繫辭下)》의 구절을 들 수 있다. "추위가 가면 더위가
오고, 더위가 가면 추위가 온다. 추위와 더위가 서로 밀어줌으로써 한 해
가 이루어진다(寒往則暑來, 暑往則寒來, 寒暑相推, 而歲成焉)."라는 구
절이다.

추수동장은 《사기·태사공자서(太史公自序)》의 구절을 들 수 있다. "무
릇 봄에는 자라나고 여름에는 성장하며, 가을에는 거두며, 겨울에는 잠
복하는 것이 천도의 크나큰 법이다. 이 천도의 법처럼 순응하지 않으면
천하의 기강은 바로 서지 않는다(夫春生夏長, 秋收冬藏, 此天道之大經
也. 弗順則無以爲天下綱紀)."라는 구절이다.

도연명(陶淵明 365~427)의 〈사시(四時)〉는 사계절의 모습을 함축적으
로 잘 표현하여 회자된다.

春水滿四澤 봄물은 사방의 연못에 가득하고
춘 수 만 사 택
夏雲多奇峰 여름 구름은 기이한 봉우리를 많이 만드네.
하 운 다 기 봉
秋月揚明輝 가을 달은 밝은 빛을 밝히고
추 월 양 명 휘
冬嶺秀孤松 겨울 봉우리에 홀로 있는 소나무 빼어나네.
동 령 수 고 송

제7·8구 윤 여 성 세 율 려 조 양
閏餘成歲 律呂調陽
rùn yú chéng suì lǜ lǚ tiáo yáng

윤월(閏月)이란 여분(餘分)으로 한 해, 한 해(歲)를 반복하여 이루도록 했고(成)
육율(六律)과 육여(六呂)를 정하면서 음양(陰陽)을 살펴 24절기도 정했다네

閏(윤달 윤: 윤달), 餘(남을 여: 나머지), 成(이룰 성: 이루다. 이루어지다), 歲(해
세: 해. 세월)
律(법칙 률: 법. 규칙. 음률), 呂(법칙 여: 법칙. 음률), 調(고를 조: 조절하다. 어울
리다. 살피다), 陽(볕 양: 볕. 양기)

　조는 조화시킨다는 뜻이 아니라 살펴본다는 뜻이다. 윤달은 태음력에
서 날짜와 계절이 서로 어긋나는 것을 막기 위해서 끼워 넣은 달로《상
서·요전(堯典)》의 "윤달로서 사시를 정하고 해를 이룬다(以閏月定四時
時成歲)."라는 구에 근거할 수 있다. 그러나 실제로는 한무제 원년(기원전
104)의 율력 개혁이 오늘날 윤달 계산의 시작으로 알려져 있다. 사마천을
비롯한 손경(孫卿)과 호수(壺遂) 및 역관인 등평(鄧平), 낙하굉(落下閎),
천문학자 당도(唐都) 등의 연구에 의해 '태초력'을 제정하면서, 이전까지
10월이었던 한 해의 시작을 정월로 확정했다. 한 해의 시작이 10월이었다
는 사실은 아래의 육률과 육여로 절기를 정할 때, 입동을 첫 절기로 정한
일과 일치한다.

　육률과 육여의 본의는 황제 시대에 악관인 영륜(伶倫)이 정한 소리의
높낮이와 이에 다른 절기의 확정을 가리킨다. 영윤은 길이가 각각 다른

12개의 죽관에다가 갈대 재를 채워 땅속에 묻은 다음, 일정한 시기마다 자연히 발생하는 소리의 고저를 육률과 육여로 확정했다. 짝수에 해당하는 소리를 양율, 홀수에 해당하는 소리를 음률로 구분하며, 음률을 육여(六呂)라고 한다. 12율은 육률과 육여의 총칭이다. 그중에서도 제1율을 황종(黃鍾), 제1여를 대려(大呂)라고 칭했다. 동시에 이로써 24절기를 확정했는데, 제일 첫 절기를 입동(立冬), 다음 절기를 소설(小雪)이라 칭했다. 한대의 '태초력'으로 개혁되기까지는 입동이 바로 한 해의 첫머리였다. 절기의 절은 양을 뜻하고, 기는 음을 뜻한다. 《주례주소(周禮注疏)》 등에 근거한다.

제9·10구 雲騰致雨 露結爲霜
yún téng zhì yǔ lù jié wéi shuāng

구름(雲)은 비등(飛騰)하여 비(雨)를 이루고(致)

이슬(露)은 응결(凝結)하여 서리(霜)가 되네(爲)

雲(구름 운: 구름), 騰(오를 등: 오르다. 도약하다. 비등하다), 致(이를 치: 이르다.
도달하다. 이루다), 雨(비 우: 비)

露(이슬 로: 이슬), 結(맺을 결: 맺다. 엉기다. 응결하다), 爲(할 위: 되다. 이루어지
다), 霜(서리 상: 서리)

제10구까지는 상주문의 발단에 해당한다. 두 구는 정교하게 대장되었
다. 대장의 분석은 다음과 같다.

雲(자연, 주어)/騰(동사)/致(동사)/雨(자연, 목적어)

露(자연, 주어)/結(동사)/爲(동사)/霜(자연, 목적어)

구름에는 이슬, 비에는 서리로 대장했듯이 자연에는 자연 또는 인공으
로 대장한다. 당대 백거이(772~846)의 〈영상운(嶺上雲)〉은 회자된다.

嶺上白雲朝未散 봉우리 위 백운은 아침에도 흩어지지 않았는데
영 상 백 운 조 미 산
田中青麦旱將枯 전원의 푸른 보리는 가뭄에 고사하려 하네.
전 중 청 맥 한 장 고
自生自滅成何事 절로 나고 절로 사라지며 무엇을 이루려는가?
자 생 자 멸 성 하 사
能逐東風作雨無 동풍을 몰아내고 비 내릴 수 없겠는지?
능 축 동 풍 작 우 무

제1구 천지현황부터 제10구까지는 발단이며 상주문의 형식으로 나타내면 다음과 같다.

天地玄黃 천지는 검고도 누런빛이 뒤섞인 상태이며

宇宙洪荒 우주는 태초부터 넓고도 황량한 상태였습니다.

日月盈昃 일월은 차거나 기울며

辰宿列張 별자리는 열을 지어 펼쳐집니다.

寒來暑往 추위가 오면 더위는 물러가고

秋收冬藏 가을에는 수습하고 겨울에는 잠복하는 것이 천지자연의 상도입니다.

閏餘成歲 이 천도의 법칙에서 윤월이란 여분으로 일정하게 해를 반복시켰으며

律呂調陽 12음률을 정하면서 음양을 살펴 24절기도 확정했으니

雲騰致雨 구름이 비등하면 비를 내리고

露結爲霜 이슬이 응결되면 서리로 변하는 이치와 같습니다.

제11·12구　金生麗水　玉出崑崗

jīn shēng lì shuǐ yù chū kūn gāng

황금(黃金)은 여수(麗水)에서 생산(生産)되고
옥(玉)은 곤강(崑岡)에서 출토(出土)된다네

金(쇠 금: 황금), 生(날 생: 나다. 낳다), 麗(고울 려: 아름답다), 水(물 수: 물)
玉(구슬 옥: 구슬. 옥), 出(날 출: 나다. 출토되다), 崑(맏 곤: 맏이), 崗(산등성이 강: 고개)

　전개 부분의 시작으로 보물과 진미의 소개는 제16구 채중개강(菜重芥薑) 까지를 포함한다. 중국의 보물부터 소개하는 것은 이야기의 전개에서 흥미를 불러일으킬 수 있는 구성이다. 두 구의 대장은 다음과 같다.

金(보물)/生(동사)/麗水(지명)
玉(보물)/出(동사)/崑崗(지명)

　보배에는 보배, 지명에는 지명이나 인명을 대장한다. 여수는 운남(雲南)의 여강을 가리킨다. 江으로 써도 되지만 천자문에는 강이 활용되지 않았다. 굳이 근거를 찾자면《한비자》의 "여수에서는 금을 생산하는데, 사람들이 몰래 금을 캐는 일이 많다(麗水之中生金, 人多竊采金)."를 들 수 있다. 당대 육구몽(陸龜蒙 ?~881)의 〈황금(黃金)〉은 회자된다.

自古黃金貴 자고로 황금은 귀하여
자 고 황 금 귀
猶沽駿與才 가히 준마와 인재를 살 수 있다네.
유 고 준 여 재
近來簪珥重 근래에는 비녀와 귀고리가 귀한 정도는
근 래 잠 이 중
無可上高臺 누대에 비교할 수 없다네.
무 가 상 고 대
平分從滿篋 공평하게 분배해도 마음대로 상자를 채우고
평 분 종 만 협
醉擲任成堆 탐닉해서 투척하면 임의대로 무더기를 이루네.
취 척 임 성 퇴
恰莫持千万 반드시 천만금 가지려고 하지 말지니
흡 막 지 천 만
明明買禍胎 틀림없이 화의 근원을 사는 것이려니!
명 명 매 화 태

곤강은 곤륜산(崑崙山)을 가리키며, 옥의 생산지로 알려져 있다. 당대 위응물(韋應物 737~792)의 〈영옥(咏玉)〉은 회자된다.

乾坤有精物 천지는 정묘한 물건을 내었으나
건 곤 유 정 물
至寶無文章 이 지극한 보배는 문장을 없애네.
지 보 무 문 장
雕琢爲世器 조탁하면 세상이 부러워하는 기물로 변하지만
조 탁 위 세 기
眞性一朝傷 참된 성품은 하루아침에 손상된다네.
진 성 일 조 상

제13·14구 劍號巨闕 珠稱夜光

jiàn hào jù què zhū chēng yè guāng

보검(寶劍)이라면 거궐(巨闕)을 일컬을(號) 수 있고
구슬(珠)이라면 야광주(夜光珠)를 칭찬(稱讚)할 수 있다네

劍(칼 검: 칼. 검), 號(부르짖을 호: 호령하다. 일컫다), 巨(클 거: 부피가 크다. 수량
이 많다), 闕(대궐 궐: 대궐)

珠(구슬 주: 구슬), 稱(일컬을 칭: 일컫다. 칭찬하다), 夜(밤 야: 밤), 光(빛 광: 빛나다)

보검은 춘추 시대의 명인 구야자가 만든 거궐을 일컬을 수 있고, 구슬
은 춘추 시대의 수 지방 제후가 상처 입은 뱀을 구해주고 보은으로 꿈속
에서 얻은 야광주를 칭찬할 수 있다고 좀 더 자세히 풀이해도 좋을 것 같
다. 구 자체에서 명확하게 풀이하면 번다한 주석을 덧붙일 필요가 없기
때문이다.

중국의 4대 명검은 태아(泰阿)와 막아(莫邪), 간장(干將)과 거궐(巨闕)
을 일컫는다. 춘추 시대에 월왕 윤상(允常)은 검 주조의 명인인 구야자
(歐冶子)에게 다섯 자루의 보검을 만들도록 명령했다. 구야자는 심혈을
기울여 대검 세 자루, 소검 두 자루를 만들었는데, 첫째가 담로(湛盧), 둘
째가 순균(純鈞), 셋째가 반영(磐郢), 넷째가 어장(魚腸), 다섯째 검이 거
궐이다. 오월검(越五劍)으로 통칭된다.

월왕 구천이 거궐을 가지고 누대 위에 앉아 있었는데, 홀연 마차 한 대가 균형을 잃고 내달리며, 궁중에서 기르던 흰 사슴을 놀라게 하는 광경을 목도했다. 이에 구천이 구야자가 만든 검을 뽑아 폭주하는 마차를 가리키며, 병사로 하여금 제지하도록 명령했다. 그런데 이 검으로 가리키는 순간, 마차가 두 동강 나면서 공중으로 치솟았다가 떨어졌다. 순간 검의 위력을 깨달은 구천은 큰 쇠 화로를 가져오게 하여, 검으로 찌르자 역시 크게 파손되었다. 이 검을 사용할 때는 마치 떡을 자르듯이 전혀 힘들지 않았기 때문에 구천은 곧바로 거궐이라 명명했다는 일화가 전해진다. 궐은 이지러진다는 뜻인 결(缺)과 같다. 쇠로 만든 물건도 크게 흠을 낼 수 있는 위력을 지녔다고 해서 붙은 이름이다.

자객 전제(專諸)는 오왕 요(僚)를 암살해 달라는 오공자의 부탁을 받았다. 요가 구운 생선요리를 좋아한다는 것을 안 전제는 요리사로 가장하여, 생선의 배 속에 검을 숨겨 들어가 암살했다. 이후 사람들은 이를 어장검(魚腸劍)이라 불렀다. 고기 배 속의 칼이라는 뜻이다. 구야자가 평생에 걸쳐 다섯 자루의 보검을 만들기는 했지만, 삼장양단(三長兩短)은 뜻하지 않은 재난을 상징하는 말로도 쓰인다.

주칭야광은 수후구사득주(隋侯救蛇得珠)의 전설에 근거한다. 수 지방의 한 제후가 군주의 명령을 받고 제나라로 출사하게 되었다. 도중에 깊은 물가의 모래톱에서 뱀 한 마리가 머리에 피를 흘리며 고통스럽게 몸을 비트는 모습을 보았다. 가엾게 여긴 수후는 말에서 내려, 뱀이 물속으로 들어가도록 도왔다. 며칠 후 꿈속에서 한 아이가 구슬을 들고 나타나 감사의 인사를 하며 말했다. "저의 목숨을 살려준 큰 은혜에 보답하고 싶으니, 부디 물리치지 마시길 바랍니다."

꿈에서 깬 수후의 머리맡에는 큰 구슬이 찬란한 빛을 발하고 있었다. 세상에서는 이를 수후주(隋侯珠) 또는 야광주라 일컬었다. 간보(干寶 ?~351)의 《수신기(搜神記)》에 전한다. 수후는 인명이 아니라 수 지방의 제후라는 뜻이다. 송대 선사 석종고(釋宗杲 1089~1163)는 다음과 같이 게송(偈頌)했다. 게송은 송(頌)의 한 형식이므로 칭송을 나타낸다.

一不成隻 유일하여 외짝을 갖출 수 없고
일 불 성 척
兩不成雙 두 자루지만 한 쌍을 이룰 수 없네.
양 불 성 쌍
劍號巨闕 검은 거궐을 일컫고
검 호 거 궐
珠稱夜光 구슬은 야광을 일컫네.
주 칭 야 광

제15·16구
과 진 이 내 채 중 개 강
果珍李奈 菜重芥薑
guǒ zhēn lǐ nài cài zhòng jiè jiāng

과실(果實)은 자두(李)와 능금(奈)을 진귀(珍貴)하게 여기고
나물(菜)로는 겨자(芥)와 생강(生薑)을 중시(重視)하네

果(실과 과: 과실. 열매), 珍(보배 진: 보배. 진귀하다), 李(오얏 리: 자두나무), 奈
(능금나무 내: 능금나무. 능금)
菜(나물 채: 나물. 반찬), 重(무거울 중: 무겁다. 소중하다. 거듭하다), 芥(겨자 개:
겨자), 薑(생강 강: 생강)

자두와 능금은 크기가 서로 비슷하고, 비위(脾胃)를 보호하는 귀한 과
일로 알려져 있다. 능금은 사과의 옛 이름으로 오늘날의 일반적인 사과
보다는 상당히 작다. 자두는 진귀한 과일로 알려졌지만, 의외로 도방고리
(道旁苦李)라는 전고도 전한다. 쓸모없는 사물이나 사람을 가리키는 말
이다.

서진 시대의 왕융(王戎)은 어렸을 때부터 매우 총명했다. 7세 때인 어느
날, 친구들과 길가에서 놀고 있는데, 길가의 자두나무에 탐스러운 자두
가 주렁주렁 달려 있었다. 이를 본 아이들은 모두 다 자두나무를 향해 달
려갔으나, 왕융만은 관심을 보이지 않았다. 이상하게 여긴 친구가 까닭을
묻자, 다음과 같이 대답했다.
"길가의 자두가 여태까지 주렁주렁 달린 것을 보니, 틀림없이 저 자두
는 쓴맛이 날 거야!" 아이들이 따서 맛을 보니 과연 쓴맛이 났다. 이후로

도방고리의 고사가 전해지게 되었다. 유의경(劉義慶 403~444)의 《세설신어》에 근거한다. 그러나 대부분의 시사에서는 도리(桃李)로 병칭되며 귀함과 아름다움을 상징한다. 《시경·하피농의(何彼襛矣)》에서는 결혼하는 평왕 손녀의 미모를 다음과 같이 묘사했다.

何彼襛矣 저 얼마나 농염한 모습인가!
하 피 농 의
華如桃李 화려한 모습은 복숭아와 자두 꽃 같네.
화 여 도 리
平王之孫 평왕의 손녀가
평 왕 지 손
齊侯之子 제나라 제후의 아들과 혼인하네.
제 후 지 자

유향(劉向 기원전 77~기원전 6)의 《열녀전》에서는 "오이밭을 지날 때는 신발을 고쳐 신지 말고, 자두 동산을 지날 때는 갓을 바로잡지 않는다(經瓜田不躡履, 過李園不正冠)."라고 했다. 군자의 신중한 처신을 나타내는 말로 비유되지만, 원래의 의미는 조금 다르므로 밝혀보도록 한다.

우희(虞姬)는 제나라 위왕(威王)의 애첩이었다. 즉위한 지 9년 동안 정사를 돌보지 않자, 간신인 주파호가 전횡하면서 현인과 능력 있는 대신들을 모함했다. 특히 현인으로 추앙받던 묵(墨)대부를 비방하고, 능력이 없는 아(阿)대부를 추켜세우자, 우희가 왕에게 간언했다. "파호는 아첨하는 신하이니, 반드시 멀리해야 합니다. 대신 현인으로 명성이 자자한 북곽 선생을 곁에 두셔야 합니다."

이 소식을 들은 주파호가 일찍이 여항에서 북곽 선생과 정을 통한 여인으로 모함하자, 위왕은 오히려 우희를 의심하여 구층 누대에 감금했다. 이후 유사로 하여금 심문하게 했는데, 파호로부터 뇌물을 받은 유사 역시 그녀를 모함하긴 했지만, 한편으로 미심쩍은 생각을 떨치지 못한 위왕은 우희를 직접 심문해 보기로 했다. 우희가 말했다.

"첩은 요행히도 부모의 어머니의 시신에서 살아남았으나 태어날 때부터 천지의 돌봄을 받지 못했으며, 빈천의 생활에 내몰렸습니다. 뜻하지 않게 어진 군주의 잔치를 받들고, 진흙이 왕께 붙어있는 것처럼, 침상과 자리를 정리하고, 청소를 도맡고, 목욕을 받든 지 10년이 넘었습니다. 충절의 마음으로 한마디 말을 더할 수 있어서 다행입니다만, 간사한 신하를 위하다 배척되면 백 대에 걸쳐 묻히고 말 것이니, 대왕께서 원하지 않더라도 다시 한 번 그들의 행위를 되새겨 보시기 바랍니다. 첩이 듣건대, 옥돌은 진흙 속에 떨어져도 오염되지 않으며, 현인 유하혜는 추위에 떠는 여인을 자신의 품에 재우면서도 음란한 짓을 하지 않았다고 합니다. 그러할 수 있었던 까닭은 바탕이 맑기 때문이며, 그래서 의심을 당하지 않는 것입니다. 오이 밭을 지나갈 때는 신발을 고쳐 신지 않아야 하고, 자두 정원을 지날 때는 갓을 바루지 않아야 하는데, 첩은 이러한 일을 피하지 않았으니, 이 죄가 제일 큽니다."

위왕은 대오각성하여 간신들을 물리치고 묵대부를 중용했으며 정무에 힘써서 제나라를 강국으로 만들었다.

능금을 영탄한 시로는 남북조 시대 저운(褚澐 생졸년 미상)의 〈영내(咏柰)〉가 회자된다.

成都貴素質 성도의 능금은 진귀하고도 품질이 뛰어나며
성 도 귀 소 질
酒泉稱白麗 주천 지방 사과는 백려라고도 일컫네.
주 천 칭 백 려
紅紫奪夏藻 홍자색 꽃은 여름 마름 색을 빼앗았고
홍 자 탈 하 조
芬芳掩春蕙 향기는 봄 혜초를 가리네.
분 방 엄 춘 혜

映日照新芳 태양은 새로워지는 향기를 비추고
영 일 조 신 방

叢林抽晚蒂 사과 숲은 늦은 꼭지를 뽑아내네.
총 림 추 만 체

誰謂重三珠 누가 전설 속의 세 구슬나무를 중하게 여기는가!
수 위 중 삼 주

終焉竞八桂 끝내는 전설 속의 여덟 계수나무와 다투네.
종 언 경 팔 계

不讓圜丘中 제사 지내는 환구단을 양보할 수 없으니
불 양 환 구 중

粲洁華庭際 곱고도 밝게 뜨락 가에 화려하네.
찬 길 화 정 제

겨자와 생강의 중요성은 오늘날에도 쉽게 짐작할 수 있다. 음식의 맛을 더할 뿐 아니라 살균 효과도 뛰어나다고 알려졌기 때문이다. 《신농본초경(神農本草經)》의 기록은 다음과 같다.

"겨자의 맛은 맵고, 콩팥의 나쁜 기운을 제거하며, 구혈(九穴)에 이로우며, 눈과 귀를 맑게 한다. … 생강의 맛은 맵고, 정신을 맑게 하고, 나쁜 냄새를 제거한다."

제11구부터 제16구까지를 상주문의 형식으로 나타내면 다음과 같다.

金生麗水 황금은 여수에서 생산되고

玉出崑崗 옥은 곤륜산에서 출토되며

劍號巨闕 보검이라면 거궐이요

珠稱夜光 구슬이라면 야광주며

果珍李奈 과일이라면 자두와 능금이 제일이며

菜重芥薑 음식에는 겨자와 생강이 더해져야 하는바

제왕은 이 모든 보물을 소유할 수 있고

겨자와 생강을 근본 삼은 모든 진미를 맛볼 수 있습니다.

제17·18구　海鹹河淡 鱗潛羽翔

hǎi xián hé dàn lín qián yǔ xiáng

바닷(海)물은 짜고(鹹) 강(河)물은 담담(淡淡)하며
물고기(鱗)는 잠영(潛泳)하고 새(羽)는 비상(飛翔)하네

海(바다 해: 바다. 바닷물), 鹹(다 함, 짤 함: 다. 모두. 소금기. 짜다), 河(물 하: 물.
강. 강물), 淡(맑을 담: 맑다. 담백하다)
鱗(비늘 린: 비늘. 물고기. 비늘이 있는 동물), 潛(잠길 잠: 잠기다. 자맥질하다), 羽
(깃 우: 깃. 새), 翔(날 상: 날다. 비상하다)

　두 구 자체만으로는 너무나 평범한 말이어서 무엇 때문에 구성했는지를
의심케 하지만, 잘 살펴보면 다음 구를 설명하기 위한 발단 구로 구성되
었음을 알 수 있다. 자연에서 일어나는 일을 그냥 지나치지 않고, 지혜를
발휘했다는 말이 보충되면 자연스럽게 이어진다. 천자문은 주흥사가 양
무제에게 치국의 도리를 설명한 상주문이라는 점을 염두에 두고 이해해
야 한다.
　바다와 강, 짜다와 싱겁다, 물고기와 새, 잠영하다와 난다는 구 자체에
서 선명하게 대장되었으며, 위아래도 마찬가지다. 이와 같은 대장은 그림
과 같은 느낌을 준다.

海(자연)/鹹(형용동사)/河/(자연)/淡(형용동사)
鱗(동물)/潛(동사)/羽(동물)/翔(동사)

인은 물고기, 우는 새의 통칭이다. 어(魚)와 조(鳥)로 쓰면 더욱 명확하겠지만 제20구의 조관인황(鳥官人皇)에서 조가 사용되었으므로 인과 우로 대장된 것이다. 어를 쓰면 반드시 조로 대장해야 하며 우(羽)는 대장되지 않는다.

龍師火帝 鳥官人皇

용 사 화 제 　 조 관 인 황

lóng shī huǒ dì niǎo guān rén huáng

복희씨는 용사(龍師)로, 신농씨는 화제(火帝)로 불렸고
소호씨는 새(鳥) 이름으로 관명(官名)을 정했고, 인황씨(人皇氏)는 무기를 발명했다네

龍(용 룡: 용), 임금. 師(스승 사: 스승. 군사), 火(불 화: 불), 帝(임금 제: 임금. 천자. 오제의 약칭)
鳥(새 조: 새), 官(벼슬 관: 벼슬), 人(사람 인: 사람), 皇(임금 황: 임금. 황제)

　복희씨는 황하 속의 용마 모습을 보고 청룡관, 적룡관, 황룡관 등의 관직명을 정했으므로 사람들은 그를 용사라고 불렀다. 신농씨는 불을 발명했으므로 사람들은 그를 화제 또는 염제라고 불렀고, 소호씨는 봉조관, 현조관 등 새의 이름으로 관직명을 정했으며, 인황씨는 무기를 발명했다고 풀이할 수 있다. 지나친 축약이어서 자의만으로는 그 뜻을 알기 어렵다. 씨는 상고 시대에 왕족 또는 귀족을 높여 부르던 호칭이다.

　두 구는 삼황오제설의 함축이다. 여러 설이 있으나 《상서대전》에는 수인(燧人), 복희(伏羲), 신농(神農)을 삼황으로 일컫는다. 천황(天皇), 지황(地皇), 인황(人皇) 설도 있다. 오제 역시 여러 설이 있으나 《자치통감외기(資治通鑑外紀)》에서는 황제(黃帝), 소호(少昊), 전욱(顓頊), 제곡(帝嚳), 요(堯)를 일컫는다.

용사는 복희씨를 가리킨다. 사물에 대한 통찰력이 뛰어났으며, 팔괘를 창안했다. 이를 '복희팔괘도'라 일컫는다. 황하에 출현한 용마를 보고, 용마의 무늬에 착안하여 그물을 고안했으며, 용을 통해 청룡관, 적룡관, 백룡관, 흑룡관 등의 관직명을 정했으므로 그를 용사라고 부른다. 화제는 염제(炎帝)라고도 하며 신농씨를 가리킨다. 그는 강족(羌族)의 영수로 불을 사용하는 방법을 전하여 제위에 올랐다.

황제 때 무지개 같은 큰 별이 화저(華渚) 지방에 떨어진 후 여절은 곧바로 태기를 느끼고 소호를 낳았다. 소호가 태어날 때, 홍, 황, 청, 백, 현(玄)의 다른 색깔을 가진 다섯 마리 봉황이 정원에 내려와 앉았으므로 그를 봉조씨(鳳鳥氏) 또는 현조(玄鳥)라 부른다. 후일 부족을 분할하면서 봉조관, 현조관, 청조관 등의 관직명을 정해 주었다. 《제왕세기》, 《사기·오제본기》 등에 근거하지만, 그 설에는 차이가 있다.

제21·22구 始制文字 乃服衣裳
shǐ zhì wén zì nǎi fú yī cháng

창힐은 처음으로(始) 문자(文字)를 제작(制作)했고
누조의 양잠으로 이에(乃) 의상(衣裳)을 착복(着服)할 수 있었네

始(비로소 시: 비로소. 처음), 制(절제할 제, 지을 제: 절제하다. 만들다), 文(글월 문: 글월. 문장), 字(글자 자: 글자. 문자)
乃(이에 내: 이에. 곧), 服(옷 복: 의복. 입다. 복종하다), 衣(옷 의: 옷), 裳(치마 상: 치마)

　창힐은 새의 발자국을 본 떠 처음으로 문자를 제작했고, 헌원황제의 왕비인 누조는 양잠을 발명하여 이에 의상을 입을 수 있게 되었다고 풀이한다면 좀 더 명확할 것이다. 두 구의 대장은 다음과 같다.

始(부사)/制(동사)/文字(목적어, 인공)
乃(부사)/服(동사)/衣裳(목적어, 인공)

　인공에는 인공 또는 자연으로 대장한다. 창힐과 누조가 보충되어야 뜻이 명확해진다. 이러한 단점 때문에 4언에서 5언, 5언에서 7언으로 늘어난 것이다. 창힐(蒼頡)은 황제의 사관으로 천문, 거북 등의 무늬, 새와 짐승의 발자국 등을 관찰하여, 이를 바탕으로 문자를 만들었다. 누조(嫘祖)는 헌원황제의 왕비로 양잠과 누에고치에서 실을 뽑는 방법을 발명했다.

제17구부터 제22구까지를 상주문의 형식으로 나타내면 다음과 같다.

海鹹河淡 바닷물은 짜고 강물은 담담하며

鱗潛羽翔 물고기는 잠영하고 새는 비상합니다.

삼척동자라도 아는 자연현상이지만

선조는 이 평범한 현상에서 지혜를 발휘했으니

龍師火帝 복희씨는 용마에서 그물을 착안하고 관직명을 정했고

신농씨는 짐승을 굽기 위해 불을 발명했으며

鳥官人皇 소호씨는 봉황으로부터 관직명을 정했으며

인황씨는 짐승을 잡기 위해 무기를 발명했으며

始制文字 창힐은 새의 발자국을 본 떠 문자를 창제했고

乃服衣裳 누조의 양잠 발명으로 옷을 입을 수 있게 되었습니다.

제23·24구 推位讓國 有虞陶唐

제위(帝位)에 적합한 자를 추천(推薦)받아 나라(國)를 선양(禪讓)했으니 그들이 바로 순임금인 유우(有虞)와 요임금인 도당(陶唐)이라네

推(밀 추, 밀 퇴: 밀다. 천거하다), 位(자리 위: 지위. 제위), 讓(사양할 양: 사양하다. 양보하다), 國(나라 국: 나라. 국가)

有(있을 유: 존재하다), 虞(염려할 우, 나라 이름 우: 염려하다. 나라 이름), 陶(질그릇 도, 사람 이름 요: 질그릇. 도공), 唐(당나라 당: 당나라)

치국의 근본 도리를 상주하는 발단 구로 제36구 뇌급만방(賴及萬方)까지 연관된다. 추위(推位), 퇴위(推位) 둘 다 가능하다. 퇴위로 쓸 경우, 제위를 물러나면서 나라를 타인에게 선양하다로 풀이될 수 있다. 요임금은 재위 70년 후, 왕위를 물려줄 필요성을 느꼈다. 그런데 아들인 단주(丹朱)가 흉포하고 능력이 없다는 것을 알고, 신하인 사악(四岳)에게 현인을 추천하도록 했다. 사악은 순을 추천했으며, 신중한 요임금은 일단 잘 살펴본 후에 결정하기로 했다.

요임금은 자신의 두 딸인 아황(娥皇)과 여영(女英)을 순에게 시집보내 순의 자질을 살펴보도록 했다. 순은 두 부인과 규수(潙水)의 물가에 살면서, 예를 앞세워 일을 처리했으므로, 두 여인은 순의 인품에 감화를 받아 부인의 도리를 다했다. 이후 다양한 방법으로 그의 덕행을 시험하고 마지막으로 산록으로 보내어 생존능력을 시험했다. 순은 폭풍우 속에서도 방

향을 잃는 법이 없었다. 3년간의 시험을 거쳐 순에게 제위를 선양했다.

요임금으로부터 제위를 물려받은 순임금은 국호를 유우(有虞)로 정하여 유우씨제순(有虞氏帝舜)으로 불리다가 간칭인 순임금으로 불리게 되었다. 순임금은 현신을 선발하여 직무를 맡겼는데, 그중에서 치수를 담당한 우(禹)의 능력이 가장 뛰어났다. 제위를 물려줄 무렵, 자신의 아들 상균(商均)은 불초하다는 사실을 알고, 우에게 선양했다. 유우도당은 도당유우로 구성해야 순서에 맞지만, 당이 압운 자여서 유우도당으로 구성되었다.

제25·26구

조 민 벌 죄 　 주 발 은 탕

弔民伐罪 周發殷湯

diào mín fá zuì zhōu fā yīn tāng

희생된 민중(民衆)을 조문하고(弔) 죄(罪)지은 자를 토벌(討伐)했으니
주(周)나라 무왕 희발(姬發)과 은(殷)나라 탕왕(湯王)이라네

弔(조상할 조: 조문하다. 위로하다), 民(백성 민: 백성), 伐(칠 벌: 정벌하다), 罪(허
물 죄: 죄)
周(두루 주: 골고루. 주나라), 發(필 발: 쏘다. 떠나다), 殷(성할 은: 성하다. 은나
라), 湯(끓일 탕: 끓이다)

발은 무(武)로 쓰면 탕과 더 잘 어울리지만, 무는 제140구 열감무정(悅
感武丁)에서 사용되었다. 이 구에서 먼저 사용하면 어땠을까 하는 생각
이 들 수도 있겠지만, 무정의 무는 다른 말로 대체할 수 없다.

희발(姬發 ?~기원전 1043)은 문왕을 계승했으며, 태공망, 주공단, 소공
석 등을 중용하여 주나라를 발전시킨 인물이다. 주왕의 폭정에 군사를
일으켰으며, 목야(牧野) 전투에서 승리하여 은나라를 멸망시켰다. 주왕
은 폭군의 상징으로 향락을 일컫는 주지육림(酒池肉林)을 비롯하여 극형
을 뜻하는 포락지형(炮烙之刑) 및 암탉이 새벽을 알린다는 빈계사신(牝
鷄司晨) 등의 이미지로 알려져 있지만, 사실 여부에 있어서는 의견이 분
분하다.

조민벌죄는 《맹자·등문공(滕文公)》에 근거한다. 제자 만장이 물었다.

"송나라는 소국인데도 지금 왕도정치를 시행하려 합니다. 만약 제나라와 초나라가 미워하여 출병한다면 어떻게 해야 합니까?"

맹자가 말했다. "옛날 탕왕이 박지에 거주했는데 이웃 나라는 갈국이었다. 갈국의 군주인 갈백은 무도하여 선조에게 제사를 지내지 않았다. 탕왕은 사람을 파견하여 그 까닭을 물었다. 갈백이 제사에 쓸 소와 양이 없다고 대답하자 곧 소와 양을 보내주었다.

그러나 갈백은 그 소와 양을 모두 잡아 먹어버리고는 여전히 제사를 지내지 않았다. 왜 제사를 지내지 않느냐고 묻자 제사에 쓸 곡식이 없다고 대답했다. 이에 박지 사람들을 보내 대신 농사를 지어주면서 연로하고 쇠약한 사람들에게는 밥을 보내주었다. 그러나 갈백은 그 음식을 약탈하고 응하지 않는 사람을 서슴없이 죽였다. 한 아이가 고기와 밥을 다른 사람들에게 나누어 주자 갈백은 그 아이를 죽였다. 《상서》에서 갈백이 음식 나누어 주는 사람을 원수로 삼았다는 말은 바로 이 아이의 사건을 가리킨다.

갈백이 이 아이를 죽였기 때문에 탕왕은 갈백을 징벌한 것이다. 천하 사람들은 이 사건에 대해 다음과 같이 말했다. '탕왕은 자신의 이익을 위해 천하를 부유하게 하려는 것이 아니다. 필부 필부의 복수를 위해서다. 탕왕이 군사를 일으킨 것은 갈백의 징벌로부터 시작되었으며, 이후 열 한차례의 정벌을 통해 천하에 적이 없게 되었다.'

동쪽을 정벌하면 서쪽 지방 사람들이 불만이고 서쪽을 정벌하면 동쪽 지방 사람들이 불만이었다. 천하의 백성들은 7년 가뭄에 단비 내리듯이 탕왕을 기다렸다. 이러한 까닭에 탕왕이 군사를 이끌고 와도 시장에 가는 사람은 그대로 시장을 가고, 잡초를 뽑는 사람은 그대로 잡초 뽑는 일을 계속했다. 탕왕이 폭군은 주살하고 그 백성을 위로한 일은 적시에 비가 내린 것과 같았으므로, 백성들은 크게 기뻐했던 것이다."

제27·28구 坐朝問道 垂拱平章

zuò cháo wèn dào chuí gǒng píng zhāng

군주가 조정(朝廷)에 좌석(坐席)하여 치국의 도리(道理)를 질문(質問)할 때는

옷자락을 늘어뜨리고(垂) 팔짱을 끼는(拱) 예만으로도 평안(平安)의 모범(章)이라네

坐(앉을 좌: 앉다), 朝(아침 조: 아침), 조정. 問(물을 문: 묻다. 알리다), 道(길 도: 길)

垂(드리울 수: 늘어뜨리다), 拱(팔짱 낄 공: 팔짱 끼다), 平(평평할 평: 편안하다),

章(글 장: 모범. 법)

좌조문도는 어진 정치의 상징이다. 의자가 발명되기 이전에는 군신이 마주 보고 앉아 정사를 의논했으므로 이처럼 구성되었다. 수공평장은 《상서·무성(武成)》에 근거한다. 신용을 두텁게 하고 의리를 밝히며, 덕을 숭상하고 공로에 보답한다면, 옷을 드리우고 손을 마주 잡는 일만으로도 천하는 잘 다스려진다는 뜻이다.

평장은 평정창명(平正彰明)을 줄인 말이다. 《상서·요전(堯典)》에는 다음과 같이 전한다.

요임금은 큰 덕을 발휘하여 구족을 친하게 했다. 구족이 이미 화목해지자, 각 씨족들의 정사를 분명하게 변별하여 밝혔다. 각 씨족들의 정사가 빛나고도 밝아짐으로써, 만방의 제후들을 화합시켰다. 만방의 제후들을 화합시키니, 수많은 백성들은 교화되어 이로써 화합했다.

구족은 자신을 중심으로 위아래 4대에 걸친 혈육 관계로 고조, 증조, 조부, 부, 자신, 자, 손, 증손 현손(玄孫)이다.

愛育黎首 臣伏戎羌

ài yù lí shǒu chén fú róng qiāng

제왕이 백성(黎首)을 애정(愛情)으로 양육(養育)한다면
융족(戎族)과 강족(羌族)까지 신하(臣下)로서 굴복(屈伏)할 것이네

愛(사랑 애: 사랑. 자애), 育(기를 육: 기르다), 黎(검을 려: 검다. 민중), 首(머리 수: 머리. 우두머리)
臣(신하 신: 신하), 伏(엎드릴 복: 엎드리다. 굴복하다), 戎(병장기 융: 병기. 오랑캐), 羌(오랑캐 강: 오랑캐)

두 구는 제27, 28구를 이어받아 구성되었다. 즉, 제왕이 팔짱을 낀 채, 신하의 의견을 들어주는 일만으로도 나라는 평안해지는데, 하물며 사랑으로 백성을 돌본다면 나라의 안녕은 더 이상 말할 필요가 없다는 뜻이다. 여수는 검수(黎首)와 같이 백성을 나타내는 말로 굳어져 있으므로 굳이 나누어서 풀이할 필요가 없다. 두 구 역시 명확하게 대장되었다. 오랑캐라는 말은 고대 중원에서 변방 지역을 낮추어 부르는 말이므로 가능한 사용하지 않는 것이 좋다.

愛(동사)/育(동사)/黎首(목적어, 백성)
臣(동사)/伏(동사)/戎羌(목적어, 오랑캐)

융족과 강족으로 나누었지만, 실제로는 오랑캐라는 의미로 사용되었으므로 여수와 정확하게 대장된다. 융강은 고대 중국 서부 지역의 소수 민

족을 일컫는다. 남만북적(南蛮北狄), 서융동이(西戎東夷)의 형태로도 쓰인다.

遐邇壹體 率賓歸王

xiá ěr yī tǐ shuài bīn guī wáng

멀거나(遐) 가까운(邇) 곳이 하나(壹)의 몸(體)처럼 통일된 후에는
사해의 물가(賓) 끝을 따라(率)가 보더라도 왕(王)에게 귀속(歸屬)되어 있
을 것이네

遐(멀 하: 멀다. 어찌), 邇(가까울 이: 가깝다), 壹(한 일: 하나. 일. 첫째), 體(몸 체: 몸)
率(거느릴 솔: 거느리다. 좇다. 따르다), 賓[손 빈: 손님. 접대하다. 따르게 하다. 물
가(濱)], 歸(돌아갈 귀: 돌아가다. 돌아오다), 王(임금 왕: 임금)

솔은 따르다, 순환하다는 순(循)의 뜻으로도 쓰인다. 빈은 물가의 뜻인
빈(濱)과 통한다. 또한, 백성을 귀빈으로 거느려야 민심이 왕에게 돌아온
다든가, 사방의 나라들은 빈객을 거느리고 왕에게 귀속될 것이라고 풀이
해도 어색하지 않다. 솔빈귀왕은 《시경·북산(北山)》에 근거한다. 원래는
임무의 불균형에 대한 신하의 원망을 노래했다.

溥天之下 광대한 천하는
부 천 지 하
莫非王土 왕의 영토 아닌 곳이 없다네.
막 비 왕 토
率土之濱 영토의 물가 끝을 따라가 보더라도
솔 토 지 빈
莫非王臣 왕의 신하 아닌 사람이 없다네.
막 비 왕 신
大夫不均 그런데도 왕은 대부를 공평하게 대하지 않아서
대 부 불 균
我從事獨賢 내가 할 일만 유독 많다네.
아 종 사 독 현

제33·34구 鳴鳳在樹 白駒食場
míng fèng zài zhú bái jū shí chǎng

나라가 융성하면 봉황(鳳凰)은 오동나무(樹)에서 울고(鳴)

흰(白) 망아지(駒)는 제왕의 마당(場)에서 풀을 뜯을(食) 것이네

鳴(울 명: 새가 울다), 鳳[봉황 봉: 봉황(鳳凰)], 在(있을 재: 있다. 존재하다), 樹(나무 수: 나무)

白(흰 백: 희다. 깨끗하다), 駒(망아지 구: 새끼 말), 食[밥 식, 먹을 식, 먹이 사: 밥. 음식. 먹이(사)], 場(마당 장: 마당. 장소)

봉황은 전설에 나오는 상상의 새로 대나무 열매만 먹고 오동나무에만 깃든다고 한다. 그래서 수는 죽(竹)으로도 쓰지만, 대부분 수로 쓴다. 죽으로 쓴 경우는 후대의 서예가들이 초서로 쓸 때 전사한 경우에서 유래한다. 봉황이 울면 태평성대이거나 태평성대가 다가올 조짐으로 여겼다. 수컷은 봉, 암컷은 황이라고 한다. 당대 시인 이교(李嶠 644~713)의 〈봉(鳳)〉은 회자된다.

有鳥居丹穴 어떤 새가 단혈에 사는데
유 조 거 단 혈
其名曰鳳凰 그 이름이 봉황이라네.
기 명 왈 봉 황
九苞應靈瑞 아홉 가지 특징은 상서로운 기운으로 응답하고
구 포 응 령 서
五色成文章 오색은 무늬의 법도를 이루었네.
오 색 성 문 장
屢向秦樓側 누차 진 목공이 딸을 위해 지은 누관 옆을 향했고
누 향 진 루 측
頻過洛水陽 빈번히 낙수의 양지를 지났네.
빈 과 낙 수 양

鳴岐今日見 주나라가 흥할 때 기산에서의 울음을 금일에 보니
명 기 금 일 견
阿閣仾來翔 누각에 날아와 오랫동안 비상하네.
아 각 저 래 상

식장 구는 현인을 그리워하는 《시경·백구(白駒)》에 근거한다.

皎皎白駒 눈부시게 흰 망아지
교 교 백 구
食我場苗 나의 정원에서 풀을 뜯네.
식 아 장 묘
縶之維之 꼭꼭 매어두고
집 지 유 지
以永今朝 오늘 아침처럼 오랫동안 함께하고 싶네.
이 영 금 조
所謂伊人 이와 같은 사람을 그리워하나니
소 위 이 인
於於焉逍遙 이곳에서 함께 유유자적하고 싶네.
어 어 언 소 요

제35·36구
<ruby>化<rt>화</rt></ruby><ruby>被<rt>피</rt></ruby><ruby>草<rt>초</rt></ruby><ruby>木<rt>목</rt></ruby> <ruby>賴<rt>뢰</rt></ruby><ruby>及<rt>급</rt></ruby><ruby>萬<rt>만</rt></ruby><ruby>方<rt>방</rt></ruby>

化被草木 賴及萬方

huà bèi cǎo mù lài jí wàn fāng

성군의 교화(教化)가 초목(草木)까지 덮으니(被)

의지한(賴) 백성은 만방(萬方)까지 이르렀네(及)

化(될 화: 되다. 화하다. 교화하다), 被(입을 피: 당하다. 미치다. 덮이다), 草(풀 초: 풀. 잡초), 木(나무 목: 나무. 목재)

賴(의뢰할 뢰: 의지하다), 及(미칠 급: 미치다. 이르다), 万(일 만: 일 만), 方(모 방: 모. 네모. 방위)

두 구는 신하가 군주에게 올리는 상주문에서 상용구로 사용된다. 백구는 흰색 준마로 현인이나 은자에 비유된다. 만방은 대부분 만방(萬邦)으로 쓰지만, '萬方'의 범위가 훨씬 더 넓다. 《시경·문왕》은 이러한 칭송을 잘 나타낸 시로 회자된다.

文王在上 하늘에 계시는 문왕의 신령
문 왕 재 상
於昭於天 아아! 하늘에서 빛남이여!
어 소 우 천
周雖舊邦 주나라 역사가 아무리 오래되어도
주 수 구 방
其命維新 천명은 새로움을 유지하네.
기 명 유 신
有周不顯 주 왕조 공업은 너무 빛나서
유 주 불 현
帝命不時 천제는 영원한 흥성의 명을 내렸다네.
제 명 불 시
文王陟降 문왕의 신령은 하늘과 땅을 넘나드는데
문 왕 척 강
在帝左右 천제가 좌우에서 그를 돕는다네.
재 제 좌 우

....

命之不易 천명은 쉽게 얻어지는 것 아니니
명 지 불 이

無遏爾躬 각각 천명을 단절시켜서는 안 된다네.
무 알 이 궁

宣昭義問 마땅히 훌륭한 명성을 선양해야 하며
선 소 의 문

有虞殷自天 자손은 봉후되어 복록을 누리네.
유 우 은 자 천

上天之載 모든 일은 천명에 의지해야 하지만
상 천 지 재

無聲無臭 천명은 소리도 없고 기미도 없다네.
무 성 무 취

儀刑文王 이러한 천명을 받아 실행한 문왕에게
의 형 문 왕

万邦作孚 만방은 믿고 따른다네.
만 방 작 부

제23구부터 제36구까지를 상주문 형식으로 나타내면 다음과 같다.

推位讓國 제위에 적합한 자를 추천받아 나라를 선양했으니

有虞陶唐 그들이 바로 순임금과 요임금입니다.

弔民伐罪 희생된 민중을 조문하고 죄지은 자를 토벌했으니

周發殷湯 주나라 무왕과 은나라 탕왕입니다.

坐朝問道 제왕이 조정에 앉아 치국의 도리를 물을 때에는

垂拱平章 옷자락을 늘어뜨리고 팔짱 끼는 예만으로도 평안해질 것입니다.

愛育黎首 하물며 백성을 애정으로 다스리는 바에야

臣伏戎羌 융족과 강족까지 당연히 신하로서 굴복할 것입니다.

遐邇壹體 그리하여 천하의 통일이 이루어지면

率賓歸王 사해의 끝까지 제왕에게 귀속되어 있을 것입니다.

鳴鳳在樹 봉황은 오동나무에서 기쁜 울음을 토해내고

白駒食場 백구로 상징되는 현인은 제왕의 녹을 받을 것입니다.

化被草木 이처럼 제왕의 교화가 초목을 덮을 정도이니

賴及萬方 의지한 백성이 어찌 만방에 이르지 않겠습니까!

蓋此身髮 四大五常

개 차 신 발 사 대 오 상

gài cǐ shēn fà sì dà wǔ cháng

이러한(此) 신체발부(身體髮膚)를 덮은(蓋) 것은

천지와 부모와 스승인 사대(四大)와 인의예지신의 오상(五常)이라네

蓋(덮을 개: 덮다. 덮어씌우다), 此(이 차: 이. 이에), 身(몸 신: 몸. 신체), 髮(터럭
발: 터럭. 머리털)
四(넉 사: 넉. 넷), 大(큰 대: 위대하다), 五(다섯 오: 다섯), 常(떳떳할 상, 항상 상:
떳떳하다. 항구하다)

제왕이 갖추어야 할 신체의 보존과 덕의 수양을 상주한 발단 구로 제56
구 허당습청(虛堂習聽)까지 해당된다. 사대는 하늘과 땅과 부모와 스승
이며, 오상은 인의예지신이라는 말의 함축이다. 유가에서는 하늘, 땅 부
모, 스승을 사대라고 지칭한다. 오상은 인의예지신을 가리킨다. 《맹자·공
손추(公孫丑)》에서 이와 관련된 부분은 다음과 같다.

사람에게는 타인의 불행을 가만히 보고만 있을 수 없는 마음이 있다는
것은 다음과 같은 사실로 알 수 있다. 지금 어떤 사람이 별안간 우물 속
으로 빠지려 하는 아이를 본 순간, 누구라도 놀라고 측은해하는 마음이
발동하여 도우려 한다. 그 아이의 부모와 교제하기 위해서가 아니다. 마
을 사람이나 친구들에게 칭찬받기 위해서도 아니며, 구하지 않았다는 비
난을 면하기 위해서도 아니다. 이와 같은 점으로 미루어 보면, 측은한 마
음이 들지 않는 것은 사람이 가진 본성이 아니기 때문이다. 부끄러운 마

음이 들지 않는 것은 사람의 본성이 아니기 때문이다. 사양하는 마음이 들지 않는 것은 사람의 본성이 아니기 때문이다. 시비를 가리는 마음이 들지 않는 것은 사람의 본성이 아니기 때문이다.

측은해하는 마음은 인의 단서다. 부끄러워하는 마음은 의로움의 단서다. 사양하는 마음은 예의 단서다. 시비를 가리는 마음은 지혜의 단서다. 이 네 가지 단서는 신체와 다를 바 없다. 이 네 가지 단서를 가지고 있으면서도 실행할 수 없다고 여기는 사람은 자해하는 것과 같다. 이 네 가지를 실행할 수 없다고 여기는 군주는 자해하는 것과 같다. 무릇 이 네 가지 단서는 우리 모두에게 있으며, 그 사실을 잘 깨달아 모두 다 확충시켜 나가야 할 것이다. 이 네 가지 단서가 실행되는 것은 불이 처음 붙었을 때와 같고, 샘물이 처음 흘러나올 때와 같은 것이다. 이 네 가지 단서를 확충시켜 나간다면, 천하를 보존하기에 충분하지만, 확충시켜 나가지 못한다면, 부모를 모시는 일조차도 충분히 해내지 못할 것이다.

사단에서 신(信)의 개념에 대한 설명이 없는 것은 당연하다. 신은 인간의 본성이 아니라 사단을 실천하여 타인으로부터 인정받는 결과이기 때문이다.

제39·40구 恭惟鞠養 豈敢毀傷

gōng wéi jū yǎng　qǐ gǎn huǐ shāng

조심조심하며(恭) 오직(惟) 사랑으로(鞠) 양육(養育)해 주었으니

어찌(豈) 감(敢)히 훼손(毀損)하거나 손상(損傷)하겠는가!

恭(공손할 공: 공손하다. 조심하다), 惟(생각할 유: 생각하다. 오직), 鞠(공 국: 공. 기르다. 사랑하다), 養(기를 양: 낳아서 기르다)

豈(어찌 기: 어찌), 敢(감히 감, 구태여 감: 감히. 구태여), 毀(헐 훼: 헐다. 훼손하다), 傷(다칠 상: 다치다. 상하다)

　사대오상의 몸은 항상 공손해야 하며, 오직 부모가 낳아서 길러 준 것이니, 어찌 감히 훼손하거나 손상하겠는가라고 풀이할 수 있다. '恭'은 대부분 공경, 공손의 뜻으로 쓴지만, 이 구에서는 조심의 뜻으로 보는 것이 더욱 알맞다. 두 구는 《효경·개종명의(開宗明義)》에 근거할 수 있다.

　"우리 몸은 부모로부터 받은 것이니, 감히 훼손시키지 않는 것으로부터 효도가 시작되는 것이다(身体髮膚, 受之父母, 不敢毀傷, 孝之始也)."

　오십 세에 율양현위(溧陽縣尉)가 된 맹교(孟郊 751~814)는 〈유자음(游子吟)〉에서 모친의 사랑을 다음과 같이 묘사했다.

慈母手中綫 자애로운 어머니의 손바느질
자 모 수 중 선
游子身上衣 길 떠나는 자식이 입을 옷이라네.
유 자 신 상 의
臨行密密縫 떠나기 전 더욱 촘촘히 재봉하는데
임 행 밀 밀 봉
意恐遲遲歸 그 뜻은 늦은 귀가를 걱정해서라네.
의 공 지 지 귀

誰言寸草心 누가 풀 마디 같은 효도의 마음을 말하는가!
수 언 촌 초 심

報得三春暉 봄날의 해와 같은 부모 은혜에 보답할 수 있다고!
보 득 삼 춘 휘

제41·42구 女慕貞潔 男效才良

nǚ mù zhēn jié nán xiào cái liáng

여자(女子)는 정결(貞潔)한 몸을 사모(思慕)해야 하고
남자(男子)는 재능(才能)과 훌륭한(良) 덕을 본받아야(效) 하네

女(여자 녀: 여자), 慕(그릴 모: 사모하다), 貞(곧을 정: 지조가 굳다. 정절), 潔(깨끗할 결: 깨끗하다)

男(사내 남: 남자), 效(본받을 효: 본받다), 才(재주 재: 재능), 良(어질 량: 훌륭하다)

'潔'은 열(烈)로도 쓰지만 부적합하다는 것은 이미 잘 알려져 있다. '潔'은 제209구의 환선원혈(紈扇圓絜)에서 '絜'과 이체자로 알려져 있기 때문에 열로 바꾸었지만, '絜'은 깨끗할 결이 아니라 헤아릴 혈로 써야 한다. 모든 구를 대장시킬 수는 없지만 대장은 변려문의 생명이다. 대장을 잘 보아내는 것은 올바른 풀이에 유용하다. 분석은 다음과 같다.

女(주어)/慕(동사)/貞潔(목적어)
男(주어)/效(동사)/才良(목적어)

제43·44구 知過必改 得能莫忘

zhī guò bì gǎi dé néng mò wàng

자신의 과오(過誤)를 인지(認知)하면 필(必)히 개선(改善)해야 하며 타인으로부터 능력(能力)을 획득(獲得)하면 은혜를 망각(忘却)해서는 안 된다네(莫)

知(알 지: 알다. 알리다), 過(지날 과: 지나다. 잘못), 必(반드시 필: 반드시. 틀림없이), 改(고칠 개: 고치다. 개선하다)

得(얻을 득: 얻다), 能(능할 능: 능하다. 능력. 재능), 莫(없을 막: 없다. 말다. ~하지 말라. 안 된다), 忘(잊을 망: 잊다)

과오는 자신의 과오이므로 '能'은 타인으로부터 얻은 능력으로 풀이해야 명확하게 대장된다. 대장의 분석은 다음과 같다.

知(동사)/過(목적어)/必(동사)/改(동사)

得(동사)/能(목적어)/莫(동사)/忘(동사)

지과필개는 《논어·자한(子罕)》의 잘못을 했다면 즉시 두려워하지 말고 고쳐야 한다는 "과즉물탄개(過則勿憚改)"를 인용 근거로 삼을 수 있다. 득(得)은 덕(德)과 통하여 덕능(德能)으로도 풀이하지만, 굳이 그럴 필요가 없다. 덕과 능력을 갖춘 후에는 잊지 말아야 한다고도 풀이할 수 있지만, 어색하다. 능력만 갖춘다면 오만해질 수 있지만, 몸을 수양하여 덕을 갖추었다면 오만해질 수 없으며, 오만해진다면 덕을 갖추지 못한 상태이

기 때문이다.

춘추시대, 진(晉)나라 영공(靈公)은 무도하여 죄 없는 사람을 함부로 죽이는 악행을 서슴지 않았다. 신하 사계(士季)가 나아가 충간하자, 영공이 말했다. "나의 잘못을 알았으니 반드시 고치겠다."

이 말에 사계는 기뻐하며 말했다. "잘못을 저지르지 않는 사람이 누가 있겠습니까! 그러나 잘못했더라도 고칠 수 있다면, 이보다 훌륭한 일은 없을 것입니다(過而能改, 善莫大焉)."

그러나 영공은 말만 그러했을 뿐, 전혀 악행을 고치지 않았으니, 결국에는 신하에게 피살되었다. 지과필개의 반면교사 사례로 전해진다. 《춘추좌씨전·선공이년(宣公二年)》에 근거한다.

주처(周處 236~297)는 젊은 시절에 난폭하기로 유명하여, 의흥(義興) 사람들은 강 속의 교룡과 산중의 맹호와 더불어 3대 재앙으로 여겼다. 그 중에서도 주처의 행패가 가장 심했다. 향리의 어떤 사람이 주처에게 맹호와 교룡을 처단해 달라고 부탁했는데, 실제로 속마음은 함께 죽기를 바랬다. 주처는 즉시 호랑이를 죽인 다음 뱀을 죽이기 위해서 곧바로 물속에 뛰어들었다. 교룡이 물속에 가라앉았다 떠오르기를 반복하며 수십 리를 떠내려가는 동안 주처 역시 악전고투했다.

사흘이 지난 후, 향리 사람들은 둘 다 죽을 것이라고 여겨 서로 축하했지만, 주처는 뱀을 죽이고 무사히 물속에서 나왔다. 마을 사람들이 자신이 죽었을 것이라고 여겨 축하 잔치를 한다는 소식을 들은 주처는 비로소 자신의 잘못을 깨닫고 회개하기로 결심했다. 이리하여 당시 문명과 도덕 수양이 높다고 알려진 오 지방의 육기(陸機)와 육운(陸雲) 형제를 찾아갔다. 당시 육기는 외출 중이었고, 육운만 있었는데, 그간의 사정을 모두 털어놓고 이어 다음과 같이 말했다. "스스로 잘못을 깨닫고 고치려 하는데, 세월을 너무 헛되이 보내어, 늙어서도 아무런 성취를 이루지 못할까 두렵습니다."

육운이 말했다. "옛사람은 도의를 소중히 여겨 '아침에 도를 깨달으면, 저녁에 죽어도 좋다'라고 여길 정도였습니다. 하물며 그대는 젊고 앞길이 유망합니다. 뜻을 세우지 못하는 바를 두려워해야지, 뜻을 세울 수만 있다면, 명성을 떨치지 못한다고 해서 무엇이 두렵겠습니까!"

이후 주처는 잘못을 고치고 분발하여 마침내 충신이 되었다. 지과필개의 모범 사례로 꼽힌다. 유의경(劉義慶 403~444)의 《세설신어·자신(自新)》에 전한다.

제45·46구 罔談彼短 靡恃己長
wǎng tán bǐ duǎn mí shì jǐ cháng

타인의 단점(短點)을 논(論)하지 말고(罔)

자신의 장점(長點)을 자랑하지(恃) 않아야(靡) 한다네

罔(없을 망: 말다), 談(말씀 담: 말씀), 彼(저 피: 저. 저쪽), 短(짧을 단: 단점)

靡(쓰러질 미: 말다), 恃(믿을 시: 자랑하다), 己(몸 기: 자신), 長(길 장, 어른 장:

길다. 장점. 어른)

봉건사회에서 겸허의 미덕은 제아무리 강조해도 지나치지 않은 덕목이다. 《논어·술이(述而)》에서 공자가 말했다.

"타인의 언행을 참고해 보면, 반드시 나의 스승이 있다. 훌륭한 자를 선택하여 그를 본받을 수 있고, 훌륭한 자가 아니라면, 그를 보고 고칠 수 있기 때문이다."

송대의 성리학자 유자휘(劉子翬 1101~1147)가 여거인(呂居仁)의 죽음을 애도한 〈만사(挽詞)〉는 회자된다.

皓首猶貪學 백발에도 여전히 학문을 탐했고
호 수 유 탐 학
謙虛德益豊 겸허의 미덕은 더욱 높아졌다네.
겸 허 덕 익 풍
潛神無朕際 깊은 마음은 자신 편에 있지 않았고
잠 신 무 짐 제
悟物不言中 깨달은 도리는 말속에 있지 않았네.
오 물 불 언 중
雖處持荷貴 비록 연꽃만을 가지는 귀한 곳에 거처했을지라도
수 처 지 하 귀
常安捽茹窮 언제나 채소만 뽑는 빈궁에도 안일했다네.
상 안 졸 여 궁

笑談驚委蛻 담소는 타인을 놀라게 했으니
소 담 경 위 태
儒事有英雄 선비의 업적으로 영웅을 소유했다네.
유 사 유 영 웅

청대의 화가이자 시인인 정판교(鄭板橋 1693~1766)의 〈죽(竹)〉은 겸허
의 뜻으로 회자된다.

一節復一節 한 마디는 한 마디를 겹쳐
일 절 부 일 절
千枝攢万葉 천 가지는 만 잎을 모았네.
천 지 찬 만 엽
我自不開花 스스로 꽃 피우지 않아서
아 자 불 개 화
免撩蜂與蝶 벌과 나비의 놀림을 피했네.
면 료 봉 여 접

제47·48구 信使可覆 器欲難量

xìn shǐ kě fù qì yù nán liáng

신용(信用)은 상대방으로 하여금(使) 가히(可) 반복(反復)하게 할 수 있으니 그릇(器)의 크기는 헤아리고자(欲) 해도 양(量)을 헤아리기가 곤란(困難)하다네

信(믿을 신: 믿다. 신용), 使(하여금 사: ~하여금 ~하게 하다. 시키다), 可(옳을 가: 가히), 覆(다시 복: 다시. 되풀이하다)

器(그릇 기: 그릇), 欲(하고자 할 욕: 하고자 하다. 바라다), 難(어려울 난: 어렵다), 量(헤아릴 량: 추측하다. 용량)

두 구는 제37구 개차신발(蓋此身髮)부터 이어진 결과를 설명하므로, 신용을 쌓고 수양이 완성된다면 그러한 사람의 그릇은 헤아리기 어렵다는 것이 본의다. 두 구만 독립시켜 풀이하면 신용의 여부에 따라 그릇의 크기를 헤아리기 어렵다는 뜻으로도 풀이된다.

가복 구는 《논어·학이(學而)》에서 근거를 찾을 수 있다. 유자(有子)가 말했다. "신용이 의로움에 가까우면, 약속의 말은 반복할 수 있다(信近於義, 言可覆也)."

복은 반복(反覆)의 뜻으로 먼저의 상태로 되돌리다와 줏대 없이 이랬다저랬다 자꾸 고친다는 뜻으로 쓰인다. 신용이란 상대방으로 하여금 이랬다저랬다 할 수 있는 것이라고 풀이해도 어색하지만, 뜻은 통한다. 즉, 신용이 있다면 상대도 줏대 없이 이랬다저랬다 하지 않을 것이기 때문이다. 독립된 구로 풀이하면 기욕난량은 관용과 옹졸의 문제이다. 먼저 관용에

관한 고사를 살펴보면 다음과 같다.

將軍額頭能跑馬 장군의 이마에서는 말을 달리게 할 수 있고
장 군 액 두 능 포 마
宰相肚里能撐船 재상의 뱃속에서는 배를 저을 수 있다네.
재 상 두 리 능 탱 선

포마 구는 북송의 명장 적청(狄青 1008~1057)의 아량을 칭송하는 말이다. 그는 언제나 부하들과 동고동락하면서 전투에서는 언제나 앞장섰다. 탱선 구는 왕안석(王安石 1021~1086)의 관용을 칭송하는 말이다.

북송 재상 왕안석은 중년에 부인과 사별하고 상처하고 교낭(姣娘)이란 첩을 얻었다. 교낭은 방년 18세로 명문가 출신에다 미모는 말할 것도 없고, 거문고와 서화 등의 재주가 출중했다. 혼인 후, 왕안석은 재상의 신분이었으므로 온종일 조정의 업무를 처리하느라 자주 집에 들를 수가 없었다. 교낭은 그야말로 꽃다운 나이였으므로 독수공방을 견디기 어려워하다가 집안 노복과 사통하게 되었다. 이 사실을 알게 된 왕안석은 궁리 끝에 조정에 출근하는 체하며, 몰래 집 안에 숨어들었다.
밤이 되자, 소문대로 교낭과 노복은 자신의 침실에서 뒹굴며 젊은 남녀의 욕정을 마음껏 즐기고 있었다. 왕안석은 분노가 극에 달해 주먹을 쥐었다 폈다 하며, 당장이라도 문을 부수고 뛰어 들어가 처단하고 싶었지만, 정수리에 참을 인(忍) 자를 수없이 그리며 평정심을 되찾았다. 가만히 생각해 보니, 자신은 재상의 신분이며, 애첩을 위해서는 어쩔 수 없는 일이라 생각하고 몸을 돌렸다. 그런데 몸을 돌려 나오는 순간 뜻하지 않게 정원의 큰 나무에 부딪혀서 고개를 들어보니, 나무 위에 까마귀 둥지가 있었다. 그는 순간 기지를 발휘하여, 대나무 장대로 둥지를 몇 번 들쑤시자, 까마귀는 울며 날아가고 이 소리를 들은 노복도 놀라 도망쳤다.

이후 왕안석은 아무 일 없었다는 듯이 일절 내색하지 않았다. 어느덧 중추절이 다가와 그는 교낭과 달을 감상하면서 술이 몇 순배 돌자 다음과 같이 읊었다.

日出東來還轉東 일출이 다시 동쪽으로 돌아갈 때까지
일 출 동 래 환 전 동
烏鴉不叫竹竿捅 까마귀는 울지 않아 장대로 찌르네.
오 아 불 규 죽 간 통
鮮花摟着棉蠶睡 선화는 솜 누에를 안고 잤지만
선 화 루 착 면 잠 수
撇下干薑門外聽 말린 생강은 버려진 채, 문밖에서 들었다네.
별 하 간 강 문 외 청

교낭은 재녀였다. 그녀는 속뜻을 순식간에 알아차리고, 아무런 변명도 하지 않은 채, 안석의 면전에 꿇어앉아 다음과 같이 읊었다.

日出東來轉正南 일출은 동쪽에서 떠서 정남쪽을 맴돌 때까지
일 출 동 래 전 정 남
你說這話够一年 당신의 이 이야기는 1년이 넘었네.
니 설 저 저 화 구 일 년
大人莫見小人怪 대인은 소인이 의심스럽다고 여기는 것을 보지 못했으니
대 인 막 견 소 인 괴
宰相肚里能撑船 재상의 뱃속에서는 배를 저을만하다네.
재 상 두 리 능 탱 선

왕안석이 가만히 생각해 보니, 자신은 이미 환갑이 넘었으며, 교낭은 그야말로 꽃다운 나이여서 그다지 나무랄 처지도 아니었다. 중추절이 끝난 며칠 후, 그는 교낭에게 은전 천 량을 주면서 노복과 먼 타향으로 가서 살도록 주선했다. 이러한 사실을 안 사람들은 안석의 도량에 크게 탄복했으며, 탱선 구는 큰 도량의 대명사가 되었다.

그러나 이야기는 부풀려진 측면이 있다. 실제로는 왕안석은 두 번 결혼했다고 한다. 첫째 부인 팽씨에게는 자식이 없었으며, 오씨는 1남 2녀를

낳았다. 야사에 의하면, 일찍이 팽씨가 왕안석에게 첩을 사 주었는데, 거절하자 돈을 주어 돌려보냈다고 한다. 오씨는 명문가 출신이며, 왕안석의 먼 친척으로 둘은 일찍이 정혼 약속이 되어 있었다. 또한 왕안석은 퇴직 후 오씨와 여생을 함께했으며, 오씨는 안석보다 오래 살았다. 남성 중심의 사회여서 왕안석의 도량을 칭송하는 말로 바뀌었으나, 실제로는 팽씨의 도량에 관계되는 말이다. 지금이라도 현처두리능탱선(賢妻肚里能撑船)으로 바로잡아야 하지 않을까! 반면에 옹졸에 관해서는 단연 이임보와 이의부의 고사를 들 수 있을 것이다.

口蜜腹劍李林甫 입에 꿀을 바르고 뱃속에 칼을 품은 이임보
구 밀 복 검 이 임 보
笑里藏刀李義府 웃음 속에 칼을 숨긴 이의부
소 리 장 도 이 의 부

이임보(683~753)는 당 현종의 총애를 받은 재상이다. 그는 권력을 독식하여 현사를 배척하고, 문사들을 지독히 싫어했다. 또한, 이민족을 융합한다는 구실로 이민족의 장군들을 중용하고 변경으로 출사한 장군들의 재상 입성을 막아 결과적으로는 안녹산의 난을 초래한 원인이 되었다. 세상에는 이임보를 일컬어 입가에는 꿀을 발랐으나, 뱃속에는 칼을 품고 있는 사람이라고 일컬었다.

이의부(614~666) 역시 당대 재상이다. 그의 평소 태도는 온화하고 공손하여, 사람들과 이야기를 나눌 때는 기뻐하며 미소 지었으나, 좁은 소견으로 남을 시기하고, 음험하며 잔인했다. 권력의 핵심이 되자, 자기 뜻에 부합하는 자만 가까이하고, 조금이라도 자신의 뜻에 어긋나는 자는 곧바로 모함했다. 이리하여 이 당시 사람들은 이의부를 가리켜 웃음 속에 칼을 품고 있는 사람이라고 일컬었다.

제49·50구 墨悲絲染 詩讚羔羊
mò bēi sī rǎn shī zàn gāo yáng

묵자(墨子)가 실(絲)이 염색(染色)되는 것을 보고 슬퍼한(悲) 까닭은 (염색물에 따라 다른 색깔로 물드는 것처럼 악인에게 물든 군주가 나라를 어지럽히는 상황을 생각했기 때문이지만)
《시경》에서는 새끼 양가죽으로 만든 옷을 입고 선정을 베푼 관리가 퇴근 후 조정에서 주는 밥을 먹으며, 한가로움을 즐기는 모습은 〈고양(羔羊)〉이란 노래로 찬양(讚揚)되었네

墨(먹 묵: 먹. 먹줄), 悲(슬플 비: 슬프다. 슬픔. 비애), 絲(실 사: 실), 染(물들 염: 물들다. 염색하다)
詩(시 시: 시경), 讚(기릴 찬: 찬양하다), 羔(새끼 양 고: 새 끼 양), 羊(양 양: 양)

군주가 치국의 도리를 다하고 충신의 중용 여부에 따른 결과를 묘사한 구다. 전고를 함축시킨 말은 자의대로만 풀이해서는 그 뜻을 제대로 전달하기 어렵다. 사염 구는 《묵자·소염(所染)》에 근거한다. 묵자가 실을 염색하는 모습을 보고 탄식하며 말했다.

청색의 염색 항아리 속에 물들이니, 청색으로 변하고, 황색의 항아리 속에서 물들이니 황색으로 변하는구나! 염색 항아리에 따라서 색깔도 다르다. 만약 선후로 다섯 가지 다른 색깔의 염색 항아리에 넣는다면, 다섯 가지 색깔 역시 선후가 바뀔 것이니, 염색에 신중을 기하지 않을 수 없다. 실을 물들이는 일뿐만 아니라 나라를 다스리는 사람도 영향을 받는 바가 있는 것이다.

순임금은 허유(許由)와 백양(伯陽)의 영향을 받았고, 우임금은 고요(皋陶)와 백익(伯益)의 영향을 받았다. 탕왕은 이윤(伊尹)과 중훼(仲虺)의 영향을 받았고, 무왕은 태공(太公)과 주공(周公)의 영향을 받았다. 이 네 분의 군주들은 모두 현인으로부터 좋은 영향을 받았기 때문에, 천하를 잘 다스릴 수 있었고, 천자의 지위에도 오를 수 있었다.

하나라 걸(桀)왕은 간신(干辛)과 추치(推哆)의 영향을 받았고, 은나라 주왕은 숭후(崇侯)와 악래(惡來)의 영향을 받았다. 여왕(厲王)은 여나라 공장문(公長文)과 영나라 이종(夷終)의 영향을 받았다. 유왕(幽王)은 부공이(傅公夷)와 채공곡(蔡公谷)에게 영향을 받았다. 이 네 군주는 모두 나쁜 영향을 받아, 천하를 혼란스럽게 하여, 나라는 망하고 자신은 죽임을 당하는 가장 큰 형벌을 받게 된 것이다.

고양 구는 《시경·고양(羔羊)》에 근거한다. 청대 이전의 학자들은 통치자의 순정한 덕을 찬미한 노래로 여겼지만, 이후에는 시위소찬(尸位素餐)의 관리를 풍자하는 노래로 해석한다. 시위소찬은 할 일 없이 국가의 봉록만 축내는 관리를 가리킨다. 천자문에서는 찬미의 내용으로 구성되었다.

羔羊之皮 양가죽을 걸쳤는데
고 양 지 피
素絲五紽 하얀 실로 정교하게 꿰맸다네.
소 사 오 타
退食自公 퇴근하여 조정에서 주는 밥을 향유하며
퇴 식 자 공
委蛇委蛇 한가롭고 여유 있네.
위 사 위 사

제51·52구 景行維賢 克念作聖

jǐng xíng wéi xián kè niàn zuò shèng

덕행(德行)을 빛내야(景) 현인(賢人)의 수준을 유지(維持)할 수 있고
사념(邪念)을 극복(克服)해야 성인(聖人)의 수준으로 진작(振作)시킬 수
있네

景(볕 경: 빛나다. 경치), 行(다닐 행: 행하다. 행위), 維(벼리 유: 벼리. 생각하다),
賢(어질 현: 현명하다. 현인)

克(이길 극: 참고 견디다), 念(생각 념: 생각), 作(지을 작: 짓다. 만들다. 이르다),
聖(성인 성: 성인)

제왕이 가져야 할 몸가짐을 나타내었다. 두 구의 대장 분석은 다음과
같다.

景(동사)/行(목적어)/維(동사)/賢(목적어)
克(동사)/念(목적어)/作(동사)/聖(목적어)

유현 구는 《시경·거할(車轄)》의 변용으로 볼 수 있다. 〈거할〉은 이상적
인 여인을 처로 맞아들이는 청년의 심정을 나타낸다.

高山仰止 높은 산 우러러보고
고 산 앙 지
景行行止 큰길 지나간다네.
경 행 행 지
四牡騑騑 네 필의 수컷 말은 계속 달리고
사 모 비 비

六轡如琴 여섯 가닥 고삐는 거문고 줄 같네.
육 비 여 금
覯爾新婚 그대 같은 신부를 만났으니
구 이 신 혼
以慰我心 이로써 위로받는 내 마음이여!
이 위 아 심

경을 햇빛의 뜻으로 풀이하면 해와 같은 행동은 현인의 수준을 유지할 수 있다고 풀이되지만 대장이 이루어지지 않는다. 극념작성 구의 근거를 굳이 찾는다면 《상서·다방(多方)》 구를 들 수 있다. 다방은 사방과 같다. 주공이 여러 나라의 제후들에게 하나라와 은나라가 망한 까닭을 설명했다.

"설령 뛰어난 사람일지라도 망령된 생각으로 정치를 소홀히 하면 어리석은 사람이 될 수 있고, 설령 어리석은 사람일지라도 나쁜 생각을 극복하면 뛰어난 사람의 수준에 이를 수 있다. 걸왕과 주왕은 어리석은 사람이어서가 아니라, 생각이 올바르지 못했기 때문에 망한 것이다(惟聖妄念作狂, 惟狂克念作聖)."

제53·54구 德建名立 形端表正

dé jiàn míng lì xíng duān biǎo zhèng

도덕(道德)이 강건(剛健)해야 명성(名聲)이 확립(確立)될 수 있고
외형(外形)이 단정(端正)해야 표정(表情)도 정직(正直)해진다네

德(큰 덕: 크다. 도덕), 建(세울 건: 건립되다), 名(이름 명: 명성), 立(설 립: 확고히
서다)

形(모양 형: 형상. 얼굴), 端(끝 단: 실마리. 일의 단서. 단정하다), 表(겉 표: 표지),
正(바를 정: 정직하다)

두 구 역시 제왕이 가져야 할 몸가짐과 덕행을 서술했다. 두 구는 동일
한 품사로 정교하게 대장되었다. 대장의 분석은 다음과 같다.

德(주어)/建(동사)/名(주어)/立(동사)
形(주어)/端(동사)/表(주어)/正(동사)

덕건명립 구는 《역경·계사하(繫辭下)》에서 근거를 찾을 수 있다. "선이
라는 것은 계속 쌓지 않으면 명성이 전해지기에는 부족하고, 악이라는 것
도 계속 쌓지만 않으면, 몸을 망하게 하는 지경까지는 이르지 않는다(善
不積不足以成名, 惡不積不足以滅身). 그런데도 소인은 작은 선행은 선
생으로 여기지 않아 쌓으려 하지 않고, 작은 악행은 악행이라 여기지 않
아서 계속 쌓게 되므로 결국 자신을 망치게 되는 것이다."

표정 구는 《관자·심술(心術)》에 근거할 수 있다. "외형이 단정하지 못한 사람은 덕이 양성되지 못했기 때문이다. 마음이 정성스럽지 못한 사람은, 마음이 다스려지지 않기 때문이다. 단정한 외형은 덕으로 장식한 것과 같으니, 만물은 이로써 제대로 이루어진다(形不正者, 德不來. 中不精者, 心不冶. 正形飾德, 万物毕得)."

제55·56구 空谷傳聲 虛堂習聽

공 곡 전 성 허 당 습 청

kōng gǔ chuán shēng xū táng xí tīng

(은자가) 공림(空林)의 계곡(溪谷)에서 정성(正聲)을 전달(傳達)하니
(제왕은) 허심(虛心)의 옥당(玉堂)에서 경청(傾聽)으로 습득(習得)해 주시
길!

> 空(빌 공: 비다), 谷(골 곡: 골짜기), 傳(전할 전: 널리 퍼뜨리다), 聲(소리 성: 소리
> 를 내다)
> 虛(빌 허: 공허하다), 堂(집 당: 집), 習(익힐 습: 습득하다), 聽(들을 청: 듣다)

두 구는 제37구 개차신발(蓋此身髮)부터의 내용을 총괄한 구다. 제왕
의 몸가짐과 쌓아야 할 덕행을 서술한 다음, 설령 미천한 문사의 충간일
지라도 제왕께서는 부디 귀 기울여 주시라는 상주문의 상용구에 해당한
다. 천자문은 주흥사가 무제를 위해서 지은 문장이므로 은자와 제왕을
보충하면 뜻이 명확해진다.

공곡은 단순히 텅 빈 계곡이 아니라 현인이 거처하는 유은한 곳을 가
리킨다. 《시경·백구(白駒)》의 "눈부시게 흰 망아지, 저 빈 계곡에 존재하
네(皎皎白駒, 在彼空谷)."라는 구에서 공곡은 현자가 은거하는 곳으로 풀
이된다.

허당은 양무제가 거처하는 대궐을 상징한다. 허당은 고당(高堂)과 같
다. 고당은 큰 집의 대청, 화려한 집, 조정 또는 부모의 뜻으로도 쓰인다.
큰 집의 안방, 대궐, 본채의 안방으로, 부모에 비유되기도 한다. 독립된 구

로만 생각하면 빈방에서는 경청에 익숙해진다든가 부모님의 말씀은 경청에 익숙해져야 한다고 풀이할 수 있겠지만 두 구를 연결하면, 당연히 위와 같이 풀이되어야 한다.

허를 고로 쓰면 뜻은 명확해지지만, 고는 제127구 고관배련(高冠陪輦)에서 사용되었다. 그리고 공(空)과 허(虛)는 대장을 이루지만, 공과 고는 대장되지 않는다. 천자문의 창작 내력은 일반적으로 당대 이작(李綽, 생졸년 미상)의 《상서고실(尚書故實)》에 근거한다. 해당 부분의 내용은 다음과 같다.

천자문은 양나라 주흥사가 편찬한 것이지만, 오히려 왕희지(王羲之 303~361)의 서첩에 있는 것으로 사람들은 모두 다 그 시초를 알지 못했다. 어느 날 양무제가 모든 왕희지 서첩을 하교하여 대부 은철석(殷铁石)에게 서첩에서 중복되지 않는 일천 자를 가려 뽑도록 했는데, 한 글자씩 종이에 나타내었으나 번잡하기만 하고 질서가 없었다. 이에 무제는 주흥사를 불러 말했다.

"경에게는 편집할 수 있는 재능이 있으니, 나를 위해 그것을 운문으로 구성하길 바라오."

주흥사가 하룻밤 사이에 편철하여 진상하니 귀밑머리가 모두 하얗게 보였지만, 대신에 상으로 내린 하사품은 매우 후했다.

그런데 《상서고실》은 자질구레한 이야기나 일화, 기이한 풍문 등을 모은 서적으로 진위를 가리기는 어렵다. 또한, 하룻밤 사이에 천자문을 집필한 후 머리가 하얗게 되었다는 말은 귀밑머리가 모두 희었다는 말이 과장된 것이다. 원래 제왕을 만날 때에는 반드시 관모를 쓰기 마련이다. 관모를 썼는데 어떻게 머리가 하룻밤 사이에 하얗게 변했는지를 알 수 있겠는가! 양서(梁書)》에는 다음과 같이 기록되어 있다.

"무제는 종요와 왕희지의 진본을 가져다 주흥사에게 주면서 중복되지 않도록 일천 자를 뽑아 운을 달아 문장을 짓도록 명령했다."

즉, 천자문의 산생 연대와 주흥사의 능력을 알 수 있는 기록은 《양서·주흥사전》이 유력한 근거가 될 것이다.

주흥사의 가문은 대대로 고숙(姑孰) 지방에 거주했다. 열세 살에 경사에 유학하여, 십 년 동안 학문을 쌓으니 마침내 기(記)와 전(傳)에 널리 통달하고 문장을 연결하는 데 능했다. 일찍이 고숙에서 나와서 걷다가 여관에 투숙한 적이 있는데, 밤중에 어떤 사람이 그를 보고 말했다. "그대의 재능과 학문은 세상을 활보하게 될 것이다. 처음에는 견식 있고 지위 높은 대신을 만날 것이며 마침내 영명한 군주에게 발탁되어 알려질 것이다."

말이 끝나자 어디로 갔는지를 알 수 없었다. 제나라 소소업(蕭昭業 재위 493~494)의 연호인 융창(隆昌) 중에 사비(謝朓 441~506)가 오흥태수(吳興太守)가 되었는데, 오직 주흥사와 더불어서만 문장과 역사를 논할 뿐이었다. … 양무제가 혁명을 일으켜 양나라를 건립하자 주흥사는 〈휴평부(休平賦)〉를 지어 상주했는데, 그 문장이 아름다워 무제가 칭찬했다. 안성왕국(安成王國)의 시랑(侍郎)을 제수받았는데 바로 화림성이다. 그해 하남에서 공연의 일종인 무마(舞馬)를 헌상하자 주흥사와 대조(待詔) 관직의 도항(到洸 477~506)과 장수(張率 475~527)를 불러 부를 짓게 했는데, 무제는 주흥사의 문장이 공교하다고 여겼다. 이에 원외산기시랑(員外散騎侍郎)으로 발탁되어 문사의 거처인 문덕대조성(文德待詔省)에 머물렀다.

이때 무제는 말릉현(秣陵縣) 삼교(三橋)의 고택을 광택사(光宅寺 508년 건립)로 바꾸면서 칙령으로 주흥사와 육수(陸倕 470~526)에게 절의 비문을 짓도록 했는데, 주흥사의 문장을 채택했다. 이로부터 주흥사로 하여금 〈동표명(銅表銘)〉을 비롯하여 〈책당갈(柵塘碣)〉과 〈북벌격(北伐檄)〉 및 〈차운왕희지서천자(次韻王羲之書千字)〉 등 여러 문장을 짓게 했다. 주흥사가 매번 진상할 때마다 무제는 잘 지었다고 칭찬했으며, 황금과 비단을 하사했다. 무제 9년(510)에 신안군승(新安郡丞)을 제수받았으며 임기가 끝나자 다시 원외산기시랑으로 복직하여 국사편찬을 도왔다.

바로 〈차운왕희지서천자〉가 천자문이다. 위의 기록에 근거하면 천자문의 산생 연대를 짐작할 수 있으니, 508년에서 510년 사이임은 확실하다. 이러한 기록에서 간과할 수 없는 점이 바로 차운(次韻)이라는 말이다. 이 말은 주흥사의 천자문에 앞서 천자문이나 이와 비슷한 형태의 시문이 존재했다는 확실한 근거가 된다.

차운의 방법은 타인의 작품에서 짝수 구의 마지막 운자를 가져와서 구성하는 방법이다. 이때 타인이 구성한 순서대로 운자를 차용할 수도 있고 바꿀 수도 있다. 왕희지는 필법을 익힐 때, 삼국 시대 서예의 달인인 종요(鍾繇)의 예서를 임서했다고 전한다. 제121구 두고종례(杜稿鍾隸)에서 종(鍾)이 바로 종요를 뜻한다. 종요는 천자시를 남겼다고 전해지지만, 왕희지는 종요의 천자시를 임서했는지, 또는 황희지 자신이 직접 지은 천자문이었는지는 확실치 않다. 황희지 서첩을 주흥사에게 주면서 차운하여 문장을 구성하게 했다는 기록만 전할 뿐이다. 《양서(梁書)》에서 무제가 운이문지(韻而文之)라고 한 말은 황희지 서첩에 있는 시에서 압운 자를 취해, 중복되지 않은 일천 자로 사언시를 지어 올리라는 명령을 뜻한다. 다만 서첩에 실려 있는 문장의 순서대로 차운했는지 순서를 바꾸어 차운했느는지는 확실치 않다. 도연명의 〈귀원전거(歸園田居)〉를 통해 차운의 개념을 설명하면 다음과 같다.

種豆南山下 남산 아래 콩을 심었는데
종 두 남 산 하
草盛豆苗稀 풀만 무성하고 콩 싹은 드무네.
초 성 두 묘 회
晨興理荒穢 아침에 일어나 잡초를 제거하고
신 흥 리 황 예
帶月荷鋤歸 달빛을 두르고 호미 메고 돌아오네.
대 월 하 서 귀
道狹草木長 길은 좁은데 초목은 자라
도 협 초 목 장
夕露沾我衣 저녁 이슬이 내 옷을 적시네.
석 로 첨 아 의
衣沾不足惜 옷 젖는 것이야 아쉬울 것 없으나
의 첨 부 족 석
但使愿無違 다만 전원생활의 기원에 어긋남이 없기를!
단 사 원 무 위

짝수의 각 구 마지막에 희(xī), 귀(guī), 의(yī), 위(wéi)로 비슷한 리듬과 음가를 가진 운자로 압운했다. 차운이란 말은 이 시의 제목과 같거나 관계없이 희, 귀, 의, 위의 순서대로 압운 자를 사용하거나 때로는 순서를 바꿀지라도 반드시 이 운자로써 압운하는 방법이다. 왕희지 서첩에는 이러한 시가 있었을 것이며, 무제는 이러한 운을 활용하여 짓도록 주흥사에게 명령한 것이다.

천자문이 주흥사의 완전한 창작일지라도 최소한 압운 자는 다른 시에서 취했다는 것은 분명하며 일천 자를 뽑아서 준 것이 아니라 주흥사로 하여금 취하게 했을 수도 있다. 그리고 반드시 하룻밤 사이의 창작이 아니라면, 구성의 여유는 좀 더 있었을 것이다. 물론 하룻밤 사이에 짓지 않았다고 해서 천자문의 가치가 폄하될 수는 없다.

무제의 장자인 소통(蕭統 501~531)은 502년에 황태자가 되었다. 후일 시호인 소명태자(昭明太子)로 더 잘 알려져 있으며, 이 당시 소명태자는 9세 무렵이었으므로, 천자문은 소명태자의 학습용으로도 사용되었으리라고 추측할 수 있다. 소명태자는 학자들과 더불어 남북조 시대까지의 시문을 망라한 《문선(文選)》을 남겼다. 안타깝게도 소명태자는 요절하는 바람에 즉위하지는 못했지만, 설령 요절하지 않았더라도, 부친인 양무제가 워낙 장수했으며, 혼란한 정국 속에서 순조롭게 등극했을지도 의문이다.

다만 제217, 8구의 적후사속(嫡後嗣續)과 제사증상(祭祀烝嘗)으로 적자의 후사가 이어져야 대대로 제사가 이어질 것이라는 구성은 주흥사와 소명태자의 친밀한 관계를 암시하는 것처럼 예사롭지 않다. 우연의 일치인지는 모르겠지만 소명태자는 장편 고체시 〈시서주제(示徐州弟)〉에서 허당의 표현을 사용했으니, 해당 부분을 살펴보면 다음과 같다. 시제는 서주에 있는 동생에게 보인다는 뜻이다.

屑屑風生 쏴아 하는 바람 소리 일고
설 설 풍 생
昭昭月影 밝고 맑은 달빛.
소 소 월 영
高宇既淸 높은 집에서는 이미 사념 없고
고 우 기 청
虛堂復靜 빈방은 다시 고요해지네.
허 당 부 정
義府載陳 《시경》과 《상서》를 받들어 펼치니
의 부 재 진
玄言斯逞 현묘한 말에 이로써 즐겁다네.
현 언 사 령

제37구부터 제56구까지를 상주문 형식으로 구성하면 다음과 같다.

蓋此身髮 인간의 신체발부를 덮은 것은

四大五常 천지를 비롯한 사대와 인의예지신의 오상입니다.

恭惟鞠養 더욱이 부모는 오직 사랑으로 양육해 주었으니

豈敢毀傷 어찌 감히 훼손하거나 손상할 수 있겠습니까!

女慕貞潔 이에 더해 여인은 정결한 몸을 사모해야 하듯이

男效才良 이에 더해 장부는 재능과 양덕을 본받아야 하듯이

知過必改 자신의 과오를 알면 반드시 고쳐야 하듯이

得能莫忘 타인으로부터 능력을 얻으면 은혜를 잊지 않듯이

罔談彼短 타인의 단점을 논하지 말아야 하듯이

靡恃己長 자신의 장점을 자랑하지 않아야 하듯이

信使可覆 상대방에게 굳은 믿음을 줄 수 있도록 수양한다면

器欲難量 그러한 그릇의 크기를 어찌 헤아릴 수 있겠습니까!

墨悲絲染 실이 염색되는 과정에서 묵자가 슬퍼했던 까닭은 악인에게 물드는 군주를 염려했기 때문입니다.

詩讚羔羊 반대로 관리가 제왕의 은덕을 향유하는 모습은 〈고양〉이란 노래로 찬양되었습니다.

景行維賢 제왕은 덕행의 빛으로 현인의 수준을 유지할 수 있고

克念作聖 사념을 극복해야 성인의 수준으로 진작될 것입니다.

德建名立 강건한 도덕으로 명성을 확립하고

形端表正 엄정한 외형에 표정은 정직해야 할 것입니다.

空谷傳聲 비록 미천한 문사가 공곡에서 전하는 소리일지라도

虛堂習聽 허심의 옥당에서 귀 기울여 주시기를!

제57·58구 **禍因惡積 福緣善慶**

huò yīn è jí fú yuán shàn qìng

화(禍)는 악(惡)을 인연(因緣) 삼은 적폐(積弊)이며

복(福)은 선(善)을 인연(因緣) 삼은 경사(慶事)라네

禍(재앙 화: 재앙), 因(인할 인: 인하다), 惡[악할 악, 미워할 오: 악하다. 미워하다
(오)], 積(쌓을 적: 쌓다. 더미. 병 이름)

福(복 복: 행복), 緣(인연 연: 까닭), 善(착할 선: 좋다), 慶(경사 경: 경사스럽다)

제왕을 모시는 충신의 자세를 서술한 발단이다. 제80구 거이익영(去而
益咏)까지 연결된다. 화와 복, 악과 선, 적폐와 경사는 선명하게 대장된
다. 분석은 다음과 같다.

禍(주어)/因(동사)/惡(목적어)/積(동사)

福(주어)/緣(동사)/善(목적어)/慶(동사)

굳이 근거를 든다면 《역경·문언(文言)》에서 찾을 수 있다. "선을 쌓는
집에서는 틀림없이 당사자뿐만 아니라 자손에게도 경사가 있을 것이며,
선을 쌓지 않는 집에서는 당사자뿐만 아니라 자손에게까지도 재앙이 있
을 것이네(積善之家, 必有餘慶, 積不善之家, 必有餘殃)."

《춘추좌씨전·양공(襄公)》에서 화복은 출입하는 문이 없으니, 오직 사
람이 초래할 뿐이라는 禍福無門(화복무문), 唯人所김(유인소소)는 회자
된다. 송대 강특립(姜特立 1125~1204)의 〈화복(禍福)〉 역시 회자된다.

君子儿短拙 군자란 부족하고도 질박한 사람인데도
군 자 아 단 졸

動或福随之 움직이면 때로는 복이 그를 따른다네.
동 혹 복 수 지

小人最狡獪 소인은 가장 교활하여
소 인 최 교 회

往往触祸機 왕왕 재앙의 기틀에 접촉한다네.
왕 왕 촉 화 기

巧者極人力 교묘한 자는 타인의 힘을 두려워하지만
교 자 극 인 력

拙者無所爲 질박한 자는 작위하지 않는다네.
졸 자 무 소 위

巧拙不必問 교묘함과 질박함의 차이는 물을 필요가 없으니
교 졸 불 필 문

天道自平夷 천도는 자연히 잘못을 평정한다네.
천 도 자 평 이

제59·60구 尺璧非寶 寸陰是競

chǐ bì fēi bǎo cùn yīn shì jìng

일척(一尺)의 벽옥(璧玉)도 보물(寶物)로 여기지 않았으나(非)
성인은 일촌(一寸)의 광음(光陰)에도 경쟁(競爭)했다네(是)

尺(자 척: 자. 길이), 璧(구슬 벽: 둥근 옥), 非(아닐 비: 비방하다), 寶(보배 보: 보물)
寸(마디 촌: 마디), 陰(그늘 음: 응달), 是(이 시, 옳을 시: 이. 이것. ~야 말로. 옳다),
競(다툴 경: 겨루다)

두 구는 제80구 거이익영(去而益咏)까지를 아우르는 발단에 해당한다.
훌륭한 제왕의 몸가짐과 충신의 자세를 서술했으며, 소공의 예로 끝맺는
다. 두 구의 인용 근거에서는 군자를 일컫지만 실제로는 제왕의 몸가짐을
나타낸다. 대장의 분석은 다음과 같다.

尺(길이)/璧(명사)/非(동사)/寶(명사)
寸(길이)/陰(명사)/是(동사)/競(명사)

두 구는 《회남자·원도훈(原道訓)》을 근거 삼을 수 있다. "때는 반복되
며 순간도 휴식을 허용하지 않는다. 때를 앞서려 하면 크게 잘못할 수 있
고 때에 늦으면 붙잡을 수 없다. 무릇 해는 회전하고 달은 돌면서, 순간의
때도 사람과 더불어 놀지 않는다. 그러므로 성인은 1척의 구슬을 귀하게
여기기보다는 일촌광음을 보배로 여겼으니, 시간은 얻기 어렵고 쉽게 소
실되기 때문이었다(故聖人不貴尺之璧而重寸之陰, 時難得而易失也).

치수를 담당한 우가 때를 추구할 때는 신발이 벗겨져도 취하지 않았으며 관이 비뚤어져도 상관하지 않았으니, 타인보다 앞서려 경쟁한 것이 아니라, 치수에 적당한 때를 얻기 위해 경쟁한 것이다. 그러므로 성인은 맑은 도를 지키고 유연한 절조를 받들며 질서의 순환에 따라 변화에 응한다. 언제나 자신의 공은 뒤로 돌리고 앞세우지 않으니, 물과 같은 유연함으로 마음은 평정해지고, 편안한 마음은 이로써 다스려지니, 공은 위대하면서도 굳건하여 성인과 다툴 자가 없는 것이다."

송대 주희(朱熹 1130~1200)의 〈우성(偶成)〉은 위의 두 구에 적합한 내용으로 회자된다.

少年易老學難成 소년은 늙기 쉽고 학문은 이루기 어려우니
소 년 이 로 학 난 성
一寸光陰不可輕 일촌광음도 가벼이 여기지 말아야 한다네.
일 촌 광 음 불 가 경
未覺池塘春草夢 연못가 봄풀은 아직 꿈을 깨지도 못했는데
미 각 지 당 춘 초 몽
階前梧葉已秋聲 섬돌 앞 오동나무 잎은 이미 가을 소리를 내네.
계 전 오 엽 이 추 성

資父事君 曰嚴與敬

자 부 사 군 왈 엄 여 경

zī fù shì jūn yuē yán yǔ jìng

부친(父親)을 모시는 자질(資質)로 군주(君主)에게 종사(從事)하니
존엄(尊嚴)이라 일컬으며 공경(恭敬)을 더한다네(與)

資(재물 자: 바탕. 재물로 돕다), 父(아버지 부: 아버지), 事(일 사: 섬기다), 君(임금 군: 임금)

曰(가로 왈: 일컫다. 말하다), 嚴(엄할 엄: 엄숙하다. 존경하다), 與(더불 여, 줄 여: 더불어. 수여하다), 敬(공경 경: 공경)

두 구는 《효경·사장(士章)》에 근거한다. 사장은 선비가 지켜야 할 효의 준칙이라는 뜻이다.

선비의 바탕은 부친을 섬기는 마음으로부터 모친을 섬기는데, 친애의 마음은 같다. 선비의 자질은 부친을 모시는 마음으로부터 군주를 모시는데, 공경하는 마음은 같다. 그러므로 모친은 그 사랑을 취하고, 군주는 그 공경을 취하며, 둘 다 취하는 자는 부친이다. 그러므로 효도하는 마음으로 군주를 모시는 일을 충성이라 하며, 공경하는 마음으로 공경(公卿)과 대부를 모시는 일을 순종이라 한다. 충성과 순종하는 마음이 그 본질을 잃지 않고, 이로써 그 상급자를 모시면, 그러한 후에 능히 그 봉록과 지위를 보전할 수 있고, 선조의 제사를 지킬 수 있다.

이러한 방법이 대체로 선비가 효도하는 바탕이라 할 수 있다. 그래서 《시경·소완(小宛)》에서도 "아침에 일찍 일어나고 저녁에 늦게 자면서 온종일 전전긍긍하며 군주를 섬기고 공경과 대부에게 순종하면 부모를 욕

보이는 일은 없을 것이다. 부지런하면 부모를 욕보이는 일은 없을 것이다."
라고 했던 것이다. 〈소완〉의 해당 부분은 다음과 같다.

我日斯邁 나는 매일 원역을 가고
아 일 사 매
而月斯征 매달 멀리 나아가네.
이 월 사 정
夙興夜寐 아침부터 저녁까지 열심히 일하여
숙 흥 야 매
毋忝爾所生 부모를 욕보이지 않으리라!
무 첨 이 소 생

효도(孝道)의 실천에는 당연(當然)히 능력(能力)을 탄갈(殫竭)해야 하듯이
충성(忠誠)의 실천에는 즉시(卽時)로 생명(生命)을 소진(消盡)해야 한다네

孝(효도 효: 효도), 當(마땅 당: 책임을 맡다), 竭(다할 갈: 다하다), 力(힘 력: 힘쓰다)
忠(충성 충: 충성하다), 則[법칙 칙, 곧 즉: 법칙. 곧(즉)], 盡(다할 진: 다하다. 다 없
어지다), 命(목숨 명: 생명)

탄갈은 마음이나 힘을 남김없이 다 쏟는다는 뜻이다. 대장이 정교하면
서도 자연스러운 표현으로 이루어졌다. 두 구는 상용하는 대장이다. 분
석은 다음과 같다.

孝(주어)/當(부사)/竭(동사)/力(목적어)
忠(주어)/則(부사)/盡(동사)/命(목적어)

두 구는 《논어·학이(學而)》에서 자하(子夏)가 한 말에 근거할 수 있다.
"현인을 존경하고 미색을 경시해야 한다. 부모를 모실 때에는 온 힘을 다
해야 한다. 군주를 섬길 때는 자신을 바칠 수 있어야 한다(事父母能竭其
力, 事君能致其身). 친구와 교제할 때는 말을 한 이상 신용을 지켜야 한
다. 이러한 사람이라면 비록 배우지 않았다 할지라도, 나는 틀림없이 그
가 배웠다고 여길 것이다."

충간하기로 유명한 명대 양계성(楊繼盛 1516~1555)의 〈취의(就義)〉에서는 충성의 결의를 다음과 같이 표현했다.

浩氣還太虛 나의 호연지기는 하늘을 맴돌 것이며
호 기 환 태 허
丹心照千古 일편단심은 천고의 세월을 비출 것이네.
단 심 조 천 고
生平未報國 평생토록 보국하지 못했으니
생 평 미 보 국
留作忠魂补 죽어서도 충혼으로 보조할 것이네.
유 작 충 혼 보

제65·66구 臨深履薄 夙興温凊

lín shēn lǚ bó sù xīng wēn qìng

장차(臨) 책임이 중해질수록(深) 얇은(薄) 얼음을 밟는(履) 듯하고
일찍(夙) 일어나(興) 찬(凊) 기운을 데우듯(温)이 제왕을 섬길 것이네

臨(임할 임: 임하다. 장차), 深(깊을 심: 깊다. 책임이 중하다), 履(밟을 리: 밟다),
薄(엷을 박: 얇다)
夙(이를 숙: 새벽. 일찍), 興(일 흥: 일다. 일으키다), 温(따뜻할 온: 따뜻하다. 따뜻
하게 하다), 凊(서늘할 청: 서늘하다)

독립된 구로 본다면 제왕을 섬길 때는 심연에 임하여 얇은 얼음을 밟는
듯하고, 부모를 모실 때는 새벽에 일어나 찬 기운을 데워야 한다고 풀이
할 수 있다. 그러나 앞부분과 연계해서 생각해 보면, 제왕을 모시는 방법
에 중점이 있다. 대장의 분석은 다음과 같다.

臨(장차, 부사)/深(동사)/履(동사)/薄(목적어, 박빙 축약)
夙(일찍, 부사)/興(동사)/温(동사)/凊(목적어, 청기 축약)

이박 구는 《시경·소민(小旻)》에 근거한다. 어리석은 군주가 좋은 계책
을 받아들이지 않는 것을 원망하는 노래다. 해당 부분은 다음과 같다.

不敢暴虎 감히 맨손으로는 호랑이를 때려잡을 수 없고
불 감 포 호
不敢馮河 감히 맨몸으로는 황하를 건널 수 없다네.
불 감 빙 하

人知其一 사람은 단지 그 하나의 위험만을 알 뿐
인 지 기 일
莫知其他 다른 화가 닥친다는 사실을 알지 못하네.
막 지 기 타
戰戰兢兢 나라의 위태로움에 나의 전전긍긍은
전 전 긍 긍
如臨深淵 마치 깊은 연못에 임하여
여 림 심 연
如履薄冰 얇은 얼음을 밟고 지나가는 것과 같네.
여 리 박 빙

숙흥온청은 숙흥야매, 동온하청의 변형으로, 서로 다른 구의 조합이다. 숙흥은 《시경·맹(氓)》에 근거한다. 집안을 일으켰음에도 불구하고 남편에게 버려진 아녀자의 신세 한탄이다. 해당 부분은 다음과 같다.

三歲爲婦 혼인 후 삼 년 동안 아녀자의 도리를 지키며
삼 세 위 부
靡室勞矣 가사의 고된 노동 마다한 적 없었다네.
미 실 로 의
夙興夜寐 아침에는 일찍 일어나고 저녁에는 늦게 잤으며
숙 흥 야 매
靡有朝矣 바쁜 아침 아닌 적이 없었다네.
미 유 조 의

온청은 《예기》의 동온하청에 근거한다. "무릇 자식으로의 도리는 겨울에는 부모의 따뜻한 잠자리를 보살피고(冬溫而夏凊), 여름에는 거처의 서늘함을 살펴야 하며, 저녁에는 잠자리를 살펴드리고 아침에는 밤새의 안녕을 살펴야 하며(昏定而晨省), 형제자매끼리 다투지 않는 데 있다."

제67·68구 似蘭斯馨 如松之盛

sì lán sī xīn rú sōng zhī shèng

(충신의 언행은) 난초(蘭草)와 같아서 이처럼(斯) 향기(馨)롭고
소나무(松)와 같아서(如) 이처럼(之) 성대(盛大)하다네

似(닮을 사: 같다), 蘭(난초 란: 난초), 斯(이 사: 이것), 馨(꽃다울 형: 향기롭다)
如(같을 여: 같다), 松(소나무 송: 소나무), 之(갈 지: 도달하다. ~의. 와), 盛(성할
성: 성하다. 성대하다)

난초와 소나무는 상용하는 대장이며, 닮다와 같다 역시 마찬가지다. 대
장의 구조를 잘 살피는 일은 문장을 정확하게 풀이하는 데 중요한 구실
을 한다. 두 구 역시 정교하게 대장되었다.

似(동사)/蘭(명사)/斯(대명사)/馨(명사)
如(동사)/松(명사)/之(대명사)/盛(명사)

사형 구는 《역경·계사상(繫辭上)》에 근거한다. "군자가 출사하는 경우
와 출사하지 못하는 경우의 행동은 반드시 같지는 않지만, 세상을 걱정
하는 마음은 같다. 그러므로 두 군자가 마음을 합쳐 일을 진행하면, 그
예리함은 쇠를 자를 수 있을 정도이며, 마음을 합친 두 사람의 말은 언행
일치되어 그 향기는 난초와 같을 것이다(二人同心, 其利斷金. 同心之言,
其臭如蘭)."

지성 구는 《논어·자한(子罕)》을 근거로 들 수 있다. "한 해의 추위 후에야 송백이 조락하지 않음을 알 수 있듯이, 큰일을 당했을 때에야 비로소 군자의 덕행이 드러난다(歲寒然后知松柏之后凋也)."

《순자·대략(大略)》으로 좀 더 명확한 근거를 볼 수 있다. "한 해에 추위가 없으면 송백의 푸름을 알 수 없듯이, 어려움을 겪어보지 않으면 군자의 덕행을 알기 어렵다(歲不寒無以知松柏, 事不難無以知君子)."

시내(川)의 흐름(流)이 휴식(休息)하지 않듯이(不) 충신은 제왕을 위해 노력하니

연못(淵)의 맑음이(澄) 햇살(映)을 취(取)하듯이 제왕은 이러한 충신을 등용해야 한다네

川(내 천: 내), 流(흐를 류: 흐르다. 흐름), 不(아닐 부, 아닐 불: 아니다. 없다), 息(쉴 식: 호흡하다)

淵(못 연: 못), 澄(맑을 징: 맑고 깨끗하다), 取(가질 취: 손에 들다. 취하다), 映(비칠 영: 비추다. 햇살)

　두 구는 《역경》 건곤괘의 설명을 줄여 취했으므로, 자의만으로는 그 뜻을 나타내기에 불충분하다. 해당 괘의 설명은 다음과 같다.

　건괘(☰)의 상징하는 바를 설명하자면, 하늘의 운행은 휴식하는 법 없이, 지치는 법 없이 매일 운행하므로, 군자는 이 상을 본받아 매일 배우고 실행하여 스스로 강해지는 데 쉬지 않고(天行健, 君子以自强不息),

　곤괘(☷)의 상징을 설명하자면, 땅의 형세는 곤의 상으로, 심히 두터워 만물을 모두 싣고 있으므로, 성왕은 이 법을 본받아 덕을 두텁게 하여, 백성들을 모두 포용한다네(地势坤, 君子以厚德載物).

　이 두 괘사의 설명은 제29쪽 팔괘와는 달리 64괘중의 건곤괘 설명이다.

제71·72구 容止若思 言辭安定

róng zhǐ ruò sī yán cí ān dìng

몸가짐(容)의 명경지수(明鏡止水)에는 반야(般若)의 사고(思考)가 필요하고
언행(言行)에서의 사양(辭讓)은 안분지족(安分知足)의 정도(定道)일 것이네

容(얼굴 용: 모양. 용모. 몸가짐), 止(그칠 지: 억제하다. 행동거지), 若[같을 약, 반
야 야: 같다. 이와 같다. 반야(般若)], 思(생각 사: 그리워하다)
言(말씀 언: 말씀. 말), 辭(말씀 사: 말씀. 말. 사양하다), 安(편안 안: 편안하다), 定
(정할 정: 안정시키다)

'若'은 약이 일반적인 풀이지만, 야로 풀이하면 대장에 더욱 잘 들어맞는
다. 독립된 구로만 본다면 약사로 풀이해도 될 것이다. 군자 같은 충신의
몸가짐을 표현한 구로써 예의 세칙을 정한 《예기·곡례(曲禮)》의 변용이
다. 즉, 통치자의 몸가짐을 충신의 몸가짐으로 바꾸어 표현한 것이다.
　통치자는 공경한 태도를 가지지 않으면 안 된다. 홀로 있을 때의 태도는
깊은 생각을 하는 듯이 신중해야 하고(儼若思), 사람을 대할 때는 말을
편안하고도 확실하게 해야(安定辭) 백성을 안정시킬 수 있다. 오만한 기
운이 자라나서는 안 된다. 정욕으로 방종해서는 안 된다. 뜻이 교만해서
는 안 된다. 행락이 지나쳐서는 안 된다.

독 초 성 미 신 종 의 령
篤初誠美 愼終宜令
dǔ chū chéng měi shèn zhōng yì lìng

(제왕을 받드는) 독실(篤實)한 첫걸음(初)도 진실로(誠) 아름답고(美)
(제왕을 받드는) 근신(勤愼)한 끝마침(終)도 마땅히(宜) 아름답네(令)

篤(도타울 독: 도탑다), 初(처음 초: 시작), 誠(정성 성: 참으로), 美(아름다울 미: 아름답다)
愼(삼갈 신: 삼가다. 근신하다), 終(마칠 종: 마치다. 끝), 宜(마땅 의: 알맞다), 令(하여금 령: 가령. 법령. 아름답다)

충신이 제왕을 모신다면 시작부터 훌륭할 것이며, 직분이 끝마칠 때까지 마땅히 근신하며 충성을 다할 것이라는 뜻이다. 독은 말이 천천히 달리는 모습으로, 탄탄하다, 견실하다는 뜻이다. 신종은 신종여시(愼終如始)의 준말이다. 영(令)은 미(美)에 대한 대장으로 아름답다는 뜻으로 보는 것이 타당하다. 대장의 분석은 다음과 같다.

篤(형용사)/初(첫걸음, 명사)/誠(부사)/美(형용동사)
愼(형용사)/終(끝마침, 명사)/宜(부사)/令(형용동사)

두 구를 독립적으로 생각하면 학문 수양의 자세로도 풀이된다. 《상서·여오(旅獒)》에서는 학문의 정진에 대해 "아홉 길 높이의 산을 쌓는데 한 삼태기 흙이 모자라 쌓지 못해서는 안 된다."라고 독려했다. 공자는 《논어·자한(子罕)》에서 학문 수양의 중요성을 다음과 같이 구체적으로 나타내었다.

학문 수양은 흙을 쌓아 산을 만드는 일과 같다. 한 삼태기의 흙이 모자라 산을 쌓지 못하고 그친 것은 자신이 그친 것이다. 학문 수양은 움푹 팬 땅을 평지로 만드는 것과 같다. 비록 움푹 팬 곳일지라도 한 삼태기를 부었을지라도, 평평함으로 나아갈 수 있으니, 자신이 나아간 결과라고 독려했다. 학문의 독려는 《순자·권학(勸學)》에도 다음과 같이 잘 나타나 있다.

배우다가 중도에 그만두어서는 안 된다. 청색은 남이라는 쪽 풀에서 취했으나, 쪽보다 푸르다. 얼음은 물이 얼음으로 변한 것이지만, 물보다 차다. 나무가 용도에 맞게 고쳐진 것은 먹줄에 맞았기 때문이며, 나아가 휘어져 바퀴가 된 것은 곱자의 규격에 맞았기 때문이다. 이후에는 설령 햇볕에 건조되더라도 더 이상 펴지지 않으니, 한 번 휘어지면 그렇게 되는 것이다.

그러므로 나무는 먹줄을 받아야 용도에 맞게 바루어지고, 쇠붙이는 숫돌에서 갈려야 날카로워진다. 군자는 넓고도 깊게 배워야 하며, 배운 것을 토대로 매일 참고삼아 반성하는 일은 다름 아닌 자신이어야 한다. 이에 지혜는 명료해지면서 행동에는 잘못이 없게 될 것이다.

높은 산에 올라보지 않고서는 하늘의 높음을 알기 어렵고, 깊은 계곡에 임해 보지 않고서는 땅을 두터움을 알기 어려운 법이다. 마찬가지로 선왕의 유언을 깨닫지 못해서는 학문의 위대함을 알 수 없는 것이다.

제75·76구 榮業所基 籍甚無竟

róng yèsuǒ jī jí shèn wú jìng

(충신의) 영예(榮譽)는 국가의 기반(所基)을 계승시키고(業)

(충신의) 사적(史籍)은 끝 모를(無竟) 정도로 깊어지네(甚)

榮(영화 영: 영예. 명예롭다), 業(업 업: 공적. 계승하다), 所(바 소: 바. 것), 基(터 기: 기초. 근본)

籍(문서 적: 서적. 신분), 甚(심할 심: 깊고 두텁다. 심지어), 無(없을 무: 아니다), 竟(마침내 경: 끝)

무경은 끝이 없다가 되어 우리말로는 어색하지만 정확하게 대장되었다. 분석은 다음과 같다.

榮(명사)/業(동사)/所基(목적어)

籍(명사)/甚(동사)/無竟(목적어)

영업은 영예공업(榮譽功業), 자심은 명성자심(名聲藉甚)의 준말이지만, 두 구에서는 이를 변용했다. 《한서·육가전(陸賈傳)》에 근거한다.

여태후가 실권을 쥐고 있을 당시에는 여씨 중의 인물을 왕으로 책봉했다. 이리하여 여씨 일족은 모두 다 권력을 쥐고, 한소제(漢少帝)와 유씨 종친을 위협했다. 우승상 진평(陳平)은 이러한 상황을 매우 염려했으나 어떻게 할 방법이 없었다. 자신도 해를 당하지 않을까 두려워하며 문을 닫아걸고 손님을 거절하며, 암암리에 방법을 모색했다. 육가가 알고 난 이후 곧바로 그를 방문하여 말했다. "승상께서는 이 하늘이 어떠하다고 생각합니까?"

진평이 대답했다. "그대는 이러한 상황을 어떻게 알고 찾아왔는가?"

육가가 말했다. "승상께서는 봉읍이 3만 호여서, 가히 부귀의 극치를 누리고 계시니 어찌 근심이 있을 수 있겠습니까! 그러나 지금 이대로 간다면 여씨 일가는 소제에게 우환이 될 것입니다."

진평이 말했다. "어찌하면 좋겠는가?"

육가가 대답했다. "천하가 안정되어 있을 때는 승상의 힘이 큽니다. 천하가 불안할 때는 군대의 힘이 큽니다. 만약 승상과 군대가 좋은 관계를 유지한다면, 천하의 재능 있는 사람들은 반드시 의지하게 될 것이며, 이러한 사람들이 모두 승상의 휘하에 있게 된다면, 설령 정국이 어떻게 변화할지라도, 권력이 남의 손안에 들어가지는 않을 것입니다. 지금 사직의 흥망은 두 사람 손에 있습니다. 나와 주발 장군은 잘 아는 사이이니, 아마도 그에게 이러한 뜻을 전달할 수 있을 것입니다."

육가는 또한 진평에게 여씨 일가의 상황을 분석해 주었다. 진평은 그의 계책을 받아들여서 주발에게 많은 예물을 보냈다. 주발 역시 기뻐하며 두 사람은 은밀히 여씨 일가를 타진할 기회를 엿보았다. 진평은 육가에게 노비 100명, 수레 50승과 오백만 량을 교제 비용으로 주었다. 육가는 이러한 돈에 의지하여 조정의 공경 사이를 돌아다녔으며, 명성을 크게 떨쳤다.

학문(學問)의 우수(優秀)성을 인정받아 사로(仕路)에 등용(登庸)된다면
섭행(攝行)할 직책(職責)을 섭렵하여 정사(政事)에 종사(從事)할 것이네

學(배울 학: 배우다. 학문), 優(뛰어날 우: 뛰어나다), 登(오를 등: 나아가다), 仕(섬
길 사: 벼슬하다)
攝(다스릴 섭: 잡다. 대신하다), 職(직분 직: 직책. 벼슬), 從(좇을 종: 쫓다. 시중들
다. 종사하다), 政[정사 정: 정사(政事)]

두 구를 독립적으로 생각하면《논어·자장(子張)》에 근거할 수 있으며,
원래의 뜻과 차이가 있다. 〈자장〉에서의 내용은 다음과 같다.

자하가 말했다. "벼슬길에 나아가서도 여력이 있으면 학문에 힘써야 하
고, 학문에 힘쓰다 여력이 있으면 벼슬길에 나설 수 있다(仕而優則學, 學
而優則仕)."

좀 더 풀어 쓰면 다음과 같다. 관리에 임용되면 학문에 소홀해지기 쉽
다. 직무에 모든 힘을 다하고 여력이 있으면 학문에 매진하여 견식을 넓
히는 일을 관리의 자질로 삼아야 한다. 학문하는 자는 충분히 학문을 익
히고, 여력이 있으면 관리로 나아가 익힌 학문을 실천해야 한다.

제79·80구 存以甘棠 去而益咏

소공의 존재(存在)는 감당(甘棠)나무 아래서 펼친 선정을 들 수 있으니(以) 백성들은 그가 서거(逝去)한 이후에는(而) 영탄(詠嘆)을 더했다네(益)

存(있을 존: 있다. 존재하다), 以(써 이: ~써. ~을 ~로 하다), 甘(달 감: 달다), 棠(아가위 당: 아가위)

去(갈 거: 죽다. 과거), 而(말 이을 이: 같다. ~로서. 그리고 나서도), 益(더할 익: 더하다. 이익), 咏(읊을 영: 노래하다. 영탄하다)

전고의 인용이므로 자의대로는 그 뜻을 알기 어렵다. 주나라 소공은 백성에게 폐를 끼치지 않으려고, 감당나무 아래를 거처 삼아 올바른 정치를 실행했으므로, 백성들은 그가 죽고 나서도 더욱 그리워하여 〈감당〉이란 노래를 지어 불렀다는 뜻이다.

감은 감당(甘棠)이란 나무 명으로 쓰였으므로, 달다는 뜻과는 관계가 없다. 이와 같은 경우는 한자의 뜻과는 무관하게 상식과 관련된 문제이다.

주나라 무왕이 주(紂)왕을 멸하고, 소공(召公)을 북연(北燕) 지방의 제후로 봉했다. … 소공은 향읍을 순행하다 백성들에게 폐를 끼치지 않기 위해 감당나무 아래에서 소송을 심리하여 판결해 주었다. 제후와 백성에 이르기까지 그 판결에 조금의 오류도 없었다. 소공이 죽자 백성들은 소공의 감당나무 아래에서 정치를 그리워하면서 그 나무를 보존하기 위한 노래를 지어 불렀다. 이후 감당은 선정을 베푼 관리를 그리워하다는 뜻으로 쓰인다. 《사기·연소공세가(燕召公世家)》에 근거한다. 〈감당〉의 내용은 다음과 같다.

蔽芾甘棠 무성한 감당나무
폐 불 감 당
勿翦勿伐 가지를 자르거나 베지 마시길!
물 전 물 벌
召伯所茇 소백이 거주했던 곳이라네.
소 백 소 발

蔽芾甘棠 무성한 감당나무
폐 불 감 당
勿翦勿敗 가지를 자르거나 꺾지 마시길!
물 전 물 패
召伯所憩 소백이 휴식했던 곳이라네.
소 백 소 게

蔽芾甘棠 무성한 감당나무
폐 불 감 당
勿翦勿拜 자르거나 잡아당기지 마시길!
물 전 물 배
召伯所說 소백이 휴식했던 곳이라네.
소 백 소 세

제57구부터 제80구까지 상주문의 형식으로 구성하면 다음과 같다.

禍因惡積 화는 악을 인연 삼은 적폐이며

福緣善慶 복은 선을 인연 삼은 경사입니다.

尺璧非寶 그러므로 충신은 벽옥조차 보물로 여기지 않지만

寸陰是竸 일촌광음에도 선을 행하려 경쟁합니다.

資父事君 부친을 모시는 심정으로 제왕을 받들며

曰嚴與敬 존엄이라 일컬으며 공경을 더할 것입니다.

孝當竭力 효도의 실천에 능력을 탄갈하듯이

忠則盡命 충성의 실천에는 기꺼이 생명을 다 바칠 것입니다.

臨深履薄 직책이 중해질수록 얇은 얼음을 밟듯이

夙興溫凊 일찍 일어나 찬 기운을 데우듯 받들 것입니다.

似蘭斯馨 충신의 언행은 난초처럼 향기롭고

如松之盛 충신의 언행은 소나무처럼 성대할 것입니다.

川流不息 시내의 흐름이 쉬지 않는 것처럼 제왕을 위해 노력할 것이므로

淵澄取映 연못의 맑음이 햇살을 취하듯이 충신을 등용해야 할 것입니다.

容止若思 충신의 몸가짐은 반야의 사고와 같고

言辭安定 충신의 언행은 사양과 안분지족일 것입니다.

篤初誠美 제왕을 받드는 독실한 첫걸음도 진실로 아름답고

愼終宜令 근신한 끝마침도 마땅히 아름다울 것입니다.

榮業所基 충신의 영예는 국가의 기반을 계승시키는 일이니

籍甚無竟 국가의 사적은 끝 모를 정도로 기록될 것입니다.

學優登仕 학문의 우수성을 인정받아 벼슬길에 등용된다면

攝職從政 섭행할 직책을 섭렵하여 정사를 보좌할 것입니다.

存以甘棠 충신 소공은 감당나무 아래서 선정을 베풀었으니

去而益咏 죽은 후에는 더욱 영탄되었던 것입니다.

제81·82구 樂殊貴賤 禮別尊卑

yuè shū guì jiàn lǐ bié zūn bēi

음악(音樂)의 제정은 귀천(貴賤)을 달리하고(殊)

예도(禮道)의 실행은 존비(尊卑)를 구별해야 한다네(別)

樂[노래 악, 즐길 락, 좋아할 요: 음악. 즐기다(락). 좋아하다(요)] 殊(다를 수: 다르다. 뛰어나다), 貴(귀할 귀: 신분이 높다), 賤(천할 천: 신분이 낮다)

禮(예도 예: 예절), 別(나눌 별: 가르다. 구별), 尊(높을 존: 존귀하다), 卑(낮을 비: 비천하다)

두 구는 백성의 교화 방법을 구체적으로 서술한 발단 구에 해당한다. 제102구 호작자미(好爵自縻)까지 연관된다. 음악과 의례의 기준 제정은 봉건 시대 때 질서를 다스리던 주요한 수단이다. 음악과 예도 귀천과 존비는 상용하는 대장이다. 두 구 역시 정교하게 대장되었다.

樂(명사)/殊(동사)/貴賤(목적어)

禮(명사)/別(동사)/尊卑(목적어)

두 구의 대표적인 사례는 팔일무(八佾舞)를 들 수 있다. 팔일무는 팔일(八溢) 또는 팔우(八羽)라고도 하며 천자만이 행할 수 있는 무악이다. 8명이 일렬로 늘어선 형태를 일일(一佾)이라 한다. 종횡으로 64명이 늘어서서 추기 때문에 팔일무라 칭한다. 천자는 팔일, 제후는 6일로 48명, 대부는 4일로 32명, 선비는 2열로 제한되어 있다. 《논어·팔일(八佾)》에서 권력자 계씨(季氏)가 자신의 정원에서 팔일무를 추게 했다는 소식을 듣자, "제후의 정원에서 이 춤을 용인한다면, 무엇인들 용인할 수 없겠는가(是可忍也, 孰不可忍也)!"라고 공자가 비판한 까닭은 계씨가 천자의 자리까지도 넘볼 수 있을 것이라는 우려에서였다.

조정의 화려한 노래와 춤으로는 당 현종이 양귀비와 화청지에서 연회를 즐길 때 처음으로 공연된 《예상우의곡(霓裳羽衣曲)》을 들 수 있다. 만당 시인 장호(張祜 785~849)는 연작 절구 〈화청궁(華淸宮)〉에서 다음과 같이 망국의 군주를 원망했다.

風樹離離月稍明 바람맞는 나무에 울창하고 달 약간 밝을 때
풍 수 리 리 월 초 명
九天龍氣在華淸 구천 혼령의 용 기운이 화청궁에 있네.
구 천 용 기 재 화 청
宮門深鎖無人覺 궁 문의 오랜 자물쇠는 사람 없음을 알 수 있고
궁 문 심 쇄 무 인 각
半夜雲中羯鼓聲 한밤중 구름 속에 오랑캐 악기 소리.
반 야 운 중 갈 고 성

天闕沈沈夜未央 천상의 궁궐이 침침하게 잠긴 밤의 미앙궁
천 궐 침 침 야 미 앙
碧雲仙曲舞霓裳 하늘가의 신선노래는 예상우의곡.
벽 운 선 곡 무 예 상
一聲玉笛向空盡 옥피리 소리는 허공 향해 사라졌고
일 성 옥 적 향 공 진
月滿驪山宮漏長 달빛 가득한 여산궁에 번뇌는 길어졌네.
월 만 여 산 궁 루 장

紅樹蕭蕭阁半開 단풍나무 쓸쓸한 누각 절반 열려 있고
홍 수 소 소 각 반 개
上皇曾幸此宮來 상황은 다행히도 궁전으로 돌아왔네.
상 황 증 행 차 궁 래
至今風俗驪山下 지금의 풍속은 여산 아래 있으니
지 금 풍 속 려 산 하
村笛猶吹阿濫堆 촌 피리 소리 여전히 슬픈 〈아람퇴〉 곡을 부네.
촌 적 유 취 아 람 퇴

水繞宮墻處處聲 물은 궁전 담장 돌며 곳곳에서 울리고
수 요 궁 장 처 처 성

殘紅長綠露華淸 붉은 꽃 진 늘 푸름에 허무한 화청지.
잔 홍 장 록 로 화 청

武皇一夕夢不覺 현종은 하룻밤 꿈 깨지 못하고
무 황 일 석 몽 불 각

十二玉樓空月明 열두 누각에 부질없이 달만 밝네.
십 이 옥 루 공 월 명

제83·84구 上和下睦 夫唱婦隨

shàng hé xià mù fū chàng fù suí

상급자(上)는 온화(溫和)하고 하급자(下)는 친목(親睦)해야 하며
장부(丈夫)가 주창(主唱)하면 부인(婦人)은 따라야(隨) 한다네

上(윗 상: 상급자. 군주. 오르다), 和(화할 화: 온화하다), 下(아래 하: 신하. 아래),
睦(화목할 목: 도탑다)
夫(지아비 부: 남편. 장부), 唱(부를 창: 앞장서서 주장하다. 노래 부르다), 婦(며느
리 부: 아내), 隨(따를 수: 추종하다)

사회와 가정의 상하 관계 역할의 규정이다. 창은 인도하다는 창(倡)과
같다. 상과 하, 장부와 아내처럼 구 자체에서도 정교하게 대장되었다. 대
장의 분석은 다음과 같다.

上(주어)/和(동사)/下(주어)/睦(동사)
夫(주어)/唱(동사)/婦(주어)/隨(동사)

外受傅訓 入奉母儀

외 수 부 훈 입 봉 모 의

wài shòu fù xùn rù fèng mǔ yí

외부(外部)에서는 사부(師傅)의 교훈(教訓)을 수혜(受惠)하고

입가(入家)해서는 부모(父母)의 인의(引儀)를 받들어야(奉) 하네

外(바깥 외: 바깥), 受(받을 수: 받아들이다), 傅(스승 부: 사부), 訓(가르칠 훈: 훈계하다)

入(들 입: 들다. 들이다), 奉(받들 봉: 받들다), 母(어머니 모: 어머니. 부모의 준말), 儀(거동 의: 법도. 본보기)

스승을 우러러보는 말은 경사이우(經師易遇), 인사난조(人師難遭)가 회자된다.

동한 시대의 명사인 곽태(郭泰 128~169)는 박학다재와 정직한 인품으로 널리 사람들의 추앙을 받았다. 후일 학문에 정통한 학자로 이름난 위소(魏昭)는 어렸을 때, 여러 차례 곽태를 찾아가 그의 정원에 청소를 청했다. 이상하게 여긴 곽태가 물었다. "어째서 시서를 가르쳐 달라고 하지 않고 청소하기를 원하는가?"

이에 위소가 대답했다. "단순히 경서를 전수하는 스승은 쉽게 만날 수 있으나, 인간을 만드는 스승은 만나기가 어렵기 때문입니다."

곽태는 그를 매우 칭찬했다. 경사이우는 이러한 고사에서 생긴 성어다. 당대 유종원의 〈사우잠(師友箴)〉 또한 회자된다. 잠은 타인을 경계시키는 절구 형식으로 이루어지며, 압운한다. 아래 잠에서도 '之'와 '離'로 압운되었다.

今之世 지금의 세상에서는
금 지 세

爲人師者衆笑之 인간 만드는 스승이란 말에 모두가 웃네.
위 인 사 자 중 소 지

擧世不師 세상을 통틀어도 참다운 스승 없으니
거 세 불 사

故道益離 도의는 갈수록 멀어지네.
고 도 익 리

諸姑伯叔 猶子比兒

zhū gū bó shú yōu zǐ bǐ ér

무릇(諸) 고모(姑母)와 백부(伯父)와 숙부(叔父)는 부모와 같으니
마땅히(猶) 이분들의 자식(子息)들도 내 아이(兒)에 비견(比肩)된다네

諸(모두 제: 모든. 무릇), 姑(시어머니 고: 시어머니. 고모), 伯(맏 백: 맏. 큰아버지.
백부), 叔(아저씨 숙: 숙부)
猶(오히려 유: 오히려. 가히), 子(아들 자: 자식), 比(견줄 비: 비교하다. 같다), 兒
(아이 아: 아이)

제는 모든, 무릇이란 뜻으로 이 구에서는 무릇이 더 잘 어울린다. 역사
상 형의 자식을 가장 잘 돌본 예로는 주공(周公)을 들 수 있다. 주공은
주나라 문왕의 아들이자 무왕의 동생이다. 예악 제도와 적장자 계승법을
제정했다. 봉건 시대 때는 상하의 질서를 유지하는 일이 중요했기 때문에
이 법은 매우 중요한 의의를 가진다. 무왕이 죽자, 성왕이 왕위를 계승했
으나, 어려서 국정을 제대로 이끌 수가 없었다. 주공은 성심을 다해 성왕
을 보좌하여 주나라 왕조의 기반을 닦았다. 자신이 제위에 오를 수 있는
능력과 상황이었음에도 불구하고, 온갖 음해를 받아 가며 섭정 7년 후,
조카인 성왕이 정식으로 다스릴 수 있도록 권력을 양도했다.

주공은 춘추 시대 이래로 황제(黃帝), 공자와 더불어 성인으로 불린다.
공자가 가장 존경했던 인물이기도 하다. 《논어·술이(述而)》에서는 "심하
도다! 나의 노쇠함이여! 꿈속에서도 주공 같은 덕행을 보지 못한 지 오래
되었도다(甚矣吾衰也! 久矣吾不復夢見周公)!"라고 주공의 도의를 그리

워했다.

　일반인의 예로서는 다음과 같은 이야기가 전한다. 낭야군에 예자명(倪子明)이라는 사람이 있었다. 사방에 기근이 들자 형이 굶주린 사람에게 잡아먹힐 지경에 처했다. 이때 예자명은 스스로 결박을 짓고 머리를 조아리며 형 대신 잡아먹히려 했다. 배고픈 사람은 그 뜻에 감동해 둘 다 해치지 않고 풀어주었다. 나중에 형이 죽자 조카들을 데려다 자신의 자식과 구별하지 않고 사랑으로 키웠다. 계속된 기근으로 곡식이 떨어져 양쪽 다 살릴 수 없자 형의 자식 대신에 자신의 자식을 죽도록 버려두었다. 임회군의 허군숙(許君叔)도 형의 자식을 거두었다. 전쟁이 일어나자 형의 자식을 살리려고 자신의 자식을 굶어 죽게 했다. 《논형·제세(齊世)》에 근거한다.

상통(相通)하는 회포(懷抱)는 형제(兄弟)가 제일이니(孔)

동일(同一)한 기운(氣運)은 가지(枝)처럼 연결(連結)되었네

孔(구멍 공: 깊다. 크다. 가장), 懷(품을 회: 위로하다. 그리워하다), 兄(형 형: 형),

弟(아우 제: 동생)

同(한 가지 동: 함께. 동일하다), 氣(기운 기: 기운), 連(잇닿을 련: 연속하다), 枝(가

지 지: 초목의 가지)

형제의 우애를 노래한 시 중에서 가장 오래된 작품은 《시경·상체(常棣)》를 들 수 있다. 상체는 산앵두나무라는 뜻이다. 앵두 열매는 다닥다닥 붙어 열므로, 형제의 우애를 상징하기에 적합하다. 첫 부분의 상체나무로써 형제의 우애를 연상한 표현을 흥(興)의 수법이라 한다. 고도의 비유 수법으로써 가장 뛰어난 표현으로 여긴다.

常棣之華 상체나무 꽃
상 체 지 화
鄂不韡韡 어찌 빛나지 않겠는가!
악 불 위 위
凡今之人 지금 사람들이 무어라 할지라도
범 금 지 인
莫如兄弟 형제만 한 사이가 없다네.
막 여 형 제
死喪之威 죽음의 두려움에 처하면
사 상 지 위
兄弟孔懷 형제가 제일 걱정된다네.
형 제 공 회
原隰裒矣 들판이나 저습지에 살다 죽더라도
원 습 부 의

兄弟求矣 형제가 와서 찾아낸다네.
형 제 구 의

脊令在原 척령새가 들판에서 날아 위험을 알리면
척 령 재 원
兄弟急難 형제는 위급한 재난에 서로 돕는다네.
형 제 급 난
每有良朋 비록 좋은 친구 있을지라도
매 유 양 붕
況也永嘆 단지 너를 위한 긴 탄식 정도일 것이네.
황 야 영 탄
兄弟閱於墻 집안에서는 형제끼리 다툴지라도
형 제 혁 어 장
外御其務 외부에서는 형제를 깔봄에 맞서야 한다네.
외 어 기 무
每有良朋 비록 좋은 친구 있을지라도
매 유 양 붕
烝也無戎 오래도록 돕지는 않는다네.
증 야 무 융

제91·92구 交友投分 切磨箴規

jiāo yǒu tóu fēn　qiē mó zhēn guī

우정(友情)을 교류(交流)할 때는 직분(職分)을 투기(投棄)하고
연마(練磨)에 간절(懇切)하여 모범(規)으로 잠계(箴戒)해야 하네

交(사귈 교: 교제하다), 友(벗 우: 친구), 投(던질 투: 의지하다), 分(나눌 분: 분수.
직분)
切(끊을 절: 정성스럽다. 적절하다), 磨(갈 마: 돌을 갈다. 문지르다), 箴[경계 잠:
돌침. 바늘. 잠(문체의 하나)], 規(법 규: 모범)

절마는 절차탁마(切磋琢磨)의 준말이다. 뼈를 가공하여 기물을 만드는
일을 절이라 한다. 상아를 가공하여 기물을 만드는 일을 차(磋)라 한다.
옥을 가공하여 기물을 만드는 일을 탁(琢)이라 한다. 돌을 가공하여 기
물을 만드는 일을 마(磨)라 한다. 대장의 분석은 다음과 같다.

交(동사)/友(목적어)/投(동사)/分(목적어)
切(동사)/磨(목적어)/箴(동사)/規(목적어)

친구와의 사귐을 나타내는 성어로는 관포지교(管鮑之交), 문경지교(刎
頸之交), 단금지교(斷金之交), 지란지교(芝蘭之交) 등이 있다. 문경지교
고사는 회자되므로 소개하면 다음과 같다.

조나라에는 화씨지벽(和氏之璧)이라는 보물이 있었다. 그런데 당시 가

장 세력이 강했던 진(秦)나라에서, 이 구슬을 탐내어 진나라 열다섯 개의 성과 맞바꾸자는 제의를 했다. 세력이 약했던 조나라에서는 진나라가 구슬을 빼앗으려는 속셈인 줄은 알고 있었지만, 쉽게 거절할 수 없었다. 거절하면 진나라에게 침략의 명분을 제공할 것이며, 요구를 들어주면 귀한 보물을 빼앗기는 상황을 잘 알고 있었기 때문이었다. 조나라에서는 회의를 거듭한 결과, 당시 현인으로 소문난 인상여(藺相如)를 진나라에 사신으로 보내어 사태를 수습하기로 결정했다.

사신으로 간 인상여가 진나라 왕에게 구슬을 보여 주자, 예측한 대로 진나라 왕은 구슬에 대해 감탄하면서도, 약속한 열다섯 개의 성에 대해서는 아무 말이 없었다. 속셈을 알아차린 인상여가 진왕에게 말했다. "대왕이시여! 이 구슬이 비록 귀한 물건이기는 하나, 자세히 살펴보시면 조그만 흠이 나 있습니다. 제가 그 흠을 알려 드리겠습니다."

진왕으로부터 구슬을 건네받은 인상여는 재빨리 구슬을 든 채로 궁중의 기둥 옆에 서서 결연히 말했다. "대왕께서 약속을 지키지 않으시고 이 구슬을 빼앗으려 하신다면, 이 자리에서 구슬을 박살 내고, 저도 이 기둥에 머리를 부딪쳐 죽겠습니다."

구슬이 너무 탐이 난 진왕은 할 수 없이 인상여를 숙소로 돌려보내고 다음 날 다시 만나기로 했다. 진왕의 속셈을 이미 짐작하고 있었던 인상여는 이미 염파 장군에게 군대를 국경에 배치하도록 약속해 두었으므로, 그날 밤 비밀리에 구슬을 다시 조나라로 돌려보낼 수 있었다. 이튿날, 이 사실을 안 진나라 왕은 화가 머리끝까지 치솟았지만 어쩔 수 없이 다음 기회를 노리며, 인상여를 조나라로 돌려보낼 수밖에 없었다.

이 일로 인해 생긴 고사가 완벽귀조(完璧歸趙)다. 구슬을 온전한 상태로, 조나라로 되돌려 보냈다는 뜻으로, 빌렸던 물건을 온전히 되돌려 주거나 어떤 일을 깔끔하게 해결한 상대방을 칭찬할 때에도 쓰인다. 인상여는 이후에도 여러 가지 공을 세워 최고의 지위에 올랐다.

한편 조나라에서 최고의 권력을 자랑하던 염파 장군은 인상여의 지위가 자신보다 높아지자 공공연히 불만을 드러내었다. "나 염파는 지금까지 어떤 전투에서도 진 적이 없으며, 조나라에 나보다 더 큰 공을 세운 사람이 없다. 그런데 저 인상여는 나와 비교조차 할 수 없는데도, 지위는 나보다 높다. 어찌 공평하다고 말할 수 있는가! 그를 만나면 가만두지 않겠다."

염파가 공공연히 불만을 터트리고 다니자, 이 소문을 들은 인상여는 조정의 회의조차 참석하지 않은 채, 염파를 피하기만 했다. 어느 날, 수레를 타고 외출 중에 저 멀리서 염파 장군의 일행을 본 인상여는 하인들로 하여금 황급히 수레를 되돌리게 했다. 불만이 극에 달한 하인들이 말했다. "주인께서는 염파 장군보다 지위가 높은데도 무엇 때문에 염파 장군을 피하기만 하십니까?" 인상여가 물었다. "진왕과 염파 장군 중 누가 더 높은가?" 하인들이 대답했다. "당연히 진왕입니다."

인상여가 말했다. "나는 진왕조차도 두려워하지 않는데, 염파 장군이 무엇 때문에 두렵겠는가! 그러나 현재 우리 조나라는 국력이 약한데도 그나마 버틸 수 있는 까닭은 문관으로는 내가 있고, 무관으로는 염파 장군이 있기 때문이다. 나와 염파 장군이 서로 다툰다는 소문이 난다면, 이웃 나라에서는 우리 조나라를 이간질할 것이다. 내가 피하는 까닭은 이러한 소문으로 조나라가 망할까 두렵기 때문이다."

소문을 전해 들은 염파 장군은 비로소 자신의 옹졸함을 깨달았으며, 인상여의 큰 도량에 감탄했다. 그리하여 갑옷을 벗고 가시나무를 등에 멘 채, 인상여의 문 앞에서 자신의 잘못을 빌었다. 염파 장군의 행동을 예측하고 있었던 인상여는 미리 준비한 주안상으로 잔치를 베풀면서, 서로 사사로운 감정을 버리고 조나라의 발전을 위해서 충성을 다하기로 다짐했다. 문경지교(刎頸之交)는 이러한 일에서 생겨난 성어다. 목 베기를 간청할 정도의 깊은 사귐이라는 뜻으로, 생사를 같이할 수 있는 매우 소중한 친구 관계를 일컫는다. 친구를 전송하는 이백(李白 701~762)의 〈송우인(送友人)〉은 회자된다.

青山橫北郭 푸른 산은 북쪽 성곽을 가로질렀고
청 산 횡 북 곽
白水繞東城 맑은 물은 동쪽 성을 에둘렀네.
백 수 요 동 성
此地一爲別 이곳에서 한번 이별하면
차 지 일 위 별
孤蓬万里征 외로이 날리는 쑥처럼 만 리를 가야 하네.
고 봉 만 리 정
浮雲游子意 뜬구름은 나그네 마음
부 운 유 자 의
落日故人情 아쉬운 듯 지는 해는 친구의 정.
낙 일 고 인 정
揮手自玆去 손 흔들며 예서 떠나갈 때
휘 수 자 자 거
蕭蕭班馬鳴 무리에서 떨어진 듯한 쓸쓸한 말 울음소리.
소 소 반 마 명

맹호연(孟浩然 689~740)의 〈과고인장(過故人莊)〉에는 친구에게 대접받는 광경이 다음과 같이 묘사되어 있다.

故人具鷄黍 친한 친구가 닭과 기장밥을 마련하여
고 인 구 계 서

邀我至田家 나를 초청하므로 친구 집에 들렀네.
요 아 지 전 가

綠樹村邊合 푸른 나무는 마을 주변과 어울리고
녹 수 촌 변 합

青山郭外斜 푸른 산은 성곽 밖에 비켜있네.
청 산 곽 외 사

開軒面場圃 창을 열고 채원을 마주하며
개 헌 면 장 포

把酒話桑麻 술을 들며 뽕나무와 마의 자람을 이야기 나누네.
파 주 화 상 마

待到重陽日 중양절 도래하기를 기다려
대 도 중 양 일

還來就菊花 다시 와서 국화에 다가가야지!
환 래 취 국 화

제93·94구 仁慈隱惻 造次弗離

인의(仁義)와 자애(慈愛)의 행동은 측은(惻隱)을 가려주니(隱)

처음(造)과 버금(次) 사이에도 이탈(離脫)을 근심한다네(弗)

仁(어질 인: 어질다. 인자하다), 慈(사랑 자: 자비), 隱(숨을 은: 가엾어하다. 가려주다), 惻(슬퍼할 측: 슬퍼하다)

造(지을 조: 짓다), 처음. 次(버금 차: 다음), 弗(아닐 불: 말다. 근심하다), 離(떠날리: 잃다. 버리다)

조차불리는 조차지간에도 잃어버려서는 안 된다고 풀이되지만, 자의대로 풀이하는 습관을 들이는 것이 좋다고 생각한다. 두 구는 맹자의 사단을 예로 들 수 있다. 제38구 사대오상(四大五常)에서 설명한 바 있다.

제95·96구 節義廉退 顚沛匪虧

jié yì lián tuì diān pèi fěi kuī

절조(節操), 인의(仁義), 청렴결백(淸廉潔白), 사퇴(辭退)의 태도는
전도(顚倒)와 패연(沛然)의 순간에도 휴실(虧失)해서는 안(匪) 된다네

節(마디 절: 절조), 義(옳을 의: 의롭다. 정의), 廉(청렴할 렴: 결백하다), 退(물러날
퇴: 사양하다)

顚(엎드러질 전: 뒤집히다. 미혹하다), 沛(비 쏟아질 패: 비가 쏟아지다. 넘어지다.
늪), 匪(비적 비: 아니다. 안 된다), 虧(이지러질 휴: 부족하다)

전패는 빗속에 넘어진다는 뜻으로 유불리에 따라 자신의 행위를 바꾸
는 처신에 비유된다. 절조와 인의와 청렴결백과 사퇴의 태도는 어떤 경우
에도 잃어서는 안 된다는 신하의 도리를 강조했다. 천자문에서는 특히 사
퇴할 때를 잘 판단하는 신하의 처신을 강조한다. 제179, 180구 '태욕근치
(殆辱近恥) 임고행즉(林皐幸卽)'이하에서는 신하가 자신의 역할을 다한
다음 물러날 때를 알고 은거하는 모습을 잘 나타내고 있다.

제97·98구 性静情逸 心動神疲
xìng jìng qíng yì xīn dòng shén pí

성품(性品)은 안정(安靜)되고 감정(感情)은 안일(安逸)해야 하니
중심(中心)이 동요하면(動搖) 정신(精神)이 피폐(疲弊)해진다네

性(성품 성: 성질), 静(고요할 정: 깨끗하다), 情(뜻 정: 인정. 감정), 逸(편안할 일:
편안하다)
心(마음 심: 마음), 動(움직일 동: 동요하다), 神(귀신 신: 정신), 疲(피곤할 피: 피폐
해지다)

이 구에서의 안일은 편안하고 한가한 상태를 뜻한다. 두 구는 상용하는
대장으로 이루어졌다.

性(주어)/静(형용동사)/情(주어)/逸(형용동사)
心(주어)/動(형용동사)/神(주어)/疲(형용동사)

당대 시인 왕유(王維 701~761)의 〈수장소부(酬張少府)〉는 두 구와 같은
마음을 잘 나타낸 작품으로 회자된다.

晚年唯好静 나이가 들수록 오직 고요함만을 좋아하여
만 년 유 호 정
万事不關心 만사에 관심이 없어졌다네.
만 사 불 관 심
自顧無長策 자연히 좋은 계책 없음을 그리워했으니
자 고 무 장 책
空知返舊林 공연히 구림으로 되돌아가야 한다는 것을 알았겠는가!
공 지 반 구 림

松風吹解帯 솔바람은 느슨한 의대에 불고
송 풍 취 해 대

山月照彈琴 산 위의 달은 연주하는 거문고를 비추네.
산 월 조 탄 금

君問窮通理 그대는 빈궁과 통달의 도리를 물었었지.
군 문 궁 통 리

漁歌入浦深 어부가는 강가에 들어서야 심오하게 (들린다네).
어 가 입 포 심

이 시는 함축의 의미를 이해하는 참고자료로 삼을 수 있을 것이다. 풀어서 나타내면 다음과 같다.

그대가 궁통의 도리를 물은 편지에 나는 다음과 같이 답하겠네. 나는 나이 들수록 오직 고요함만을 좋아하여, 만사에 관심이 없어졌다네. 그러므로 벼슬살이로 나아갈 좋은 계책도 포기하고, 오직 전원으로 되돌아가야 한다는 것을 알았다네.

이곳의 생활을 설명하자면, 솔바람은 느슨한 의대에 불고, 산 위의 달은 연주하는 거문고를 비춘다네. 이 얼마나 좋은가! 그대는 쓸데없이 승진으로 통하는 도리를 물었었지.

어부의 즐거운 노래는 어부가 되어 보아야 그 심정을 알 수 있듯이, 나의 이러한 생활을 자네도 직접 느껴봐야 알 수 있을 것이네. 굴원은 벼슬살이에서 추방되자, 자신을 이기지 못하고 행색이 얼마나 초라했던가! 굳이 벼슬살이에 급급할 필요가 있겠는가!

제99·100구 **守眞志滿 逐物意移**

shǒu zhēn zhì mǎn zhú wù yì yí

진성(眞性)을 고수(固守)하면 지기(志氣)는 충만(充滿)하지만
물욕(物欲)에 각축(角逐)하면 진의(眞意)는 이체(移替)된다네

守(지킬 수: 다스리다), 眞(참 진: 진리. 본질), 志(뜻 지: 마음), 滿(찰 만: 가득하다.
만족하다)
逐(쫓을 축: 뒤쫓다. 따라가다), 物(물건 물: 사물. 외물. 재물), 意(뜻 의: 의미. 사
사로운 마음), 移(옮길 이: 옮겨가다)

두 구는 상용하는 대장이며 정교하게 대장되었다. 분석은 다음과 같다.

守(동사)/眞(목적어)/志(주어)/滿(동사)
逐(동사)/物(목적어)/意(주어)/移(동사)

고아(高雅)한 지조(志操)를 견정(堅定)하게 유지(維持)하면
호평(好評)의 작위(爵位)는 자연(自然)히 계미(繫縻)된다네

堅(굳을 견: 견지하다), 持(가질 지: 견디어내다. 유지하다), 雅(맑을 아: 우아하다.
고아하다), 操(잡을 조: 조종하다. 지조. 절조)
好(좋을 호: 좋아하다), 爵(벼슬 작: 작위), 自(스스로 자: 절로. 자연히), 縻(고삐
미: 끈. 묶다)

계미는 붙잡아 얽어맨다는 뜻이다. 호작은 호평과 작위로 보아도 잘 통
한다. 두 구는 조건과 결과의 형식으로 구성되었다. 송대 왕안석은 〈매화
(梅花)〉로써 아정한 정조를 다음과 같이 노래했다.

墙角數枝梅 담장 모퉁이의 몇 가지에 핀 매화
장 각 수 지 매
凌寒獨自開 추위를 뚫고 홀로 피었네.
능 한 독 자 개
遙知不是雪 멀리서도 눈 아님을 알 수 있는 까닭은
요 지 불 시 설
爲有暗香來 품은 암향을 전해오기 때문이라네.
위 유 암 향 래

제81구부터 제102구까지의 상주문 내용은 다음과 같다.

樂殊貴賤 음악의 제정은 귀천을 달리하고

禮別尊卑 예도의 실행은 존비를 구별해야 합니다.

上和下睦 상급자는 온화하고 하급자는 친목하도록 해야 하고

夫唱婦隨 장부가 주창하면 부인이 따라주도록 교화해야 합니다.

外受傅訓 외부에서는 사부의 가르침을 받고

入奉母儀 집에서는 부모의 처신을 받들도록 교화해야 합니다.

諸姑伯叔 무릇 고모와 백부와 숙부는 부모와 같으니

猶子比兒 마땅히 이분들의 자식들도 내 자식처럼 돌보도록 장려해야 합니다.

孔懷兄弟 형제간의 우애를 강조해야 하니

同氣連枝 동일한 기운이 가지처럼 연결되어 있기 때문입니다.

交友投分 우정을 교류할 때는 직분을 투기하고

切磨箴規 서로 힘써 모범으로 북돋아 주도록 교화해야 합니다.

仁慈隱惻 인의와 자애의 행동은 슬픔을 가려주니

造次弗離 조차지간에도 이탈을 걱정하도록 장려해야 합니다.

節義廉退 절조와 인의와 청렴결백과 사퇴의 태도는

顚沛匪虧 폭풍우의 순간에도 잃지 않도록 교화해야 합니다.

性靜情逸 성품은 안정되고 삼정은 안일하도록 교회해야 하니

心動神疲 중심이 동요하면 정신이 피폐해지기 때문입니다.

守眞志滿 진성을 고수하여 지기가 충만하도록 교화해야 하니

逐物意移 물욕에 각축하면 진의는 소실되기 때문입니다.

堅持雅操 무엇보다 고아한 지조를 견정하게 유지하는 신하는

好爵自縻 말이 절로 고삐에 매이듯 중용해야 할 것입니다.

都邑華夏 東西二京

도 읍 화 하 동 서 이 경

dū yì huá xià dōng xī èr jīng

도읍(都邑)은 화려(華麗)하고도 광대했으니(夏)

동서(東西)의 낙양(洛陽)과 장안(長安)의 이경(二京)이라네

都(도읍 도: 도읍), 邑(고을 읍: 도읍), 華(빛날 화: 화려하다), 夏(여름 하: 여름. 중국. 하나라. 광대하다)

東(동녘 동: 오른쪽), 西(서녘 서: 왼쪽), 二(두 이: 둘째), 京(서울 경: 수도)

두 구는 지난날 화려했던 낙양과 장안의 모습을 자세하게 묘사하여 제왕으로 하여금 천하통일의 웅지를 가지게 하려는 함의를 엿볼 수 있다. 제128구 구곡진영(驅轂振纓)까지의 발단 구에 해당한다. 천자가 거처하는 궁 또는 거처하는 지방을 도(都), 제후가 거처하는 지방을 읍(邑)이라 부르다 점차 혼용되었다.

중국에서 유구한 역사를 가진 두 도성은 낙양과 장안이다. 낙양은 아홉 왕조가 거쳤기 때문에 9조고도(九朝古都)라고도 불린다. 서주 시대에 건립되었다. 무왕이 주(紂)를 정벌하고 주 왕조를 건립했으나 얼마 뒤에 병사했으며, 성왕이 이어받았으나, 너무 어렸기 때문에 주공이 보좌했다. 그러나 은나라 정권이 무너지기는 했지만, 귀족과 권세가들은 여전히 불복하지 않는 상태였다. 주공은 당시 수도였던 박(亳)에서 낙양 부근에 낙읍(洛邑)을 건설했으며, 은 왕조의 귀족들을 모두 낙읍으로 이주시켜 그들을 복종시켰다. 서주 말기에 서부의 소수 민족인 견융(犬戎)이 침입하

자, 평왕은 낙양으로 천도했다. 동쪽으로 천도했기 때문에 동경(東京)이라고도 칭한다. 이후 동경은 동한(東漢), 조위(曹魏), 서진(西晉), 북위(北魏), 수(隋)를 거쳐 당(唐) 초기까지 낙양을 수도로 삼았기 때문에 '9조고도'라고도 칭한다. 그러나 이 명칭은 천자문 전래 이후에 생긴 명칭이다.

장안은 서경장안(西京長安)의 준말로 서안으로 잘 알려져 있다. 중국의 중심부에 해당하며, 11조고도(十一朝古都)라고도 부른다. 서한 시대에 건립된 이후 북주(北周), 당(唐) 등 11왕조가 수도로 삼았다. 이 역시 천자문 전래 이후에 생긴 명칭이다. 동경낙양, 서경장안은 중국의 고도로서, 중화 문화의 찬란함을 상징하는 말로도 쓰인다.

제105·106구 背邙面洛 浮渭據涇

bèi máng miàn luò fú wèi jù jīng

낙양(洛陽)은 북망산(北邙山)을 배경(背景) 삼고, 낙수(洛水)를 면전(面前)에 두었으며

장안(長安)은 위수(渭水)에 부상(浮上)한 것 같고, 경수(涇水)에 의거(依據)한 것 같네

背(등 배, 배반할 배: 뒤), 邙[북망산 망: 북망산(北邙山). 뫼], 面(낯 면: 얼굴. 면전), 洛(물 이름 낙: 강 이름. 수도의 이름)

浮(뜰 부: 물에 뜨다. 덧없다), 渭(물 이름 위: 강 이름), 据(근거 거: 근원. 의거하다), 涇(통할 경: 흐르다)

낙양과 장안의 위치를 나타내었다. 풍수지리상 길지라는 뜻을 품고 있다. 지명과 지명으로 정교하게 대장되었다.

背(동사)/邙(목적어, 지명)/面(동사)/洛(목적어, 지명)
浮(동사)/渭(목적어, 지명)/據(동사)/涇(목적어, 지명)

북망산은 역대 여러 제왕의 능과 시성 두보, 서예가 안진경(顏眞卿)의 묘가 있는 곳이며, 도교의 명관인 상청궁(上淸宮)이 자리 잡고 있다. 역대 수많은 문인이 예찬 또는 부귀영화의 덧없음을 노래했다. 초당 시인 심전기(沈佺期 약 656~약 715)의 〈북망산상열분영(北邙山上列坟塋)〉은 회자된다.

北邙山上列坟塋 북망산 위에 늘어선 묘지
북 망 산 상 열 분 영
万古千秋對洛城 만고천추에 낙양성을 마주하네.
만 고 천 추 대 낙 성
城中日夕歌鍾起 성안에는 온종일 노랫소리 떨치는데
성 중 일 석 가 종 기
山上惟聞松柏聲 산 위에는 송백 스치는 바람 소리만 들리네.
산 상 유 문 송 백 성

북망산은 낙양 목단의 원산지로도 유명하다. 낙양 목단은 천하의 제일 (洛陽牡丹甲天下)이라는 구로 회자된다. 당대 시인 유우석(772~842)의 〈상목단(賞牡丹)〉은 회자된다.

庭前芍药妖無格 정원 앞 작약은 요염하나 품격 없고
정 전 작 약 요 무 격
池上芙蓉静少情 연못의 연꽃은 정숙하나 정 부족하네.
지 상 부 용 정 소 정
唯有牡丹眞國色 오직 목단만은 그야말로 나라 기울일 색깔이니
유 유 모 란 진 국 색
花開時節動京城 꽃피는 시절에는 경성을 동요시키네.
화 개 시 절 동 경 성

제107·108구

궁 전 반 울 누 관 비 경
宮殿盤鬱 樓觀飛驚
gōng diàn pán yù lóu guàn fēi jīng

궁전(宮殿)의 위용은 굽이 돈 쟁반(錚盤)과 울창(鬱蒼)한 숲의 모습 같고
누관대(樓觀臺)는 비상(飛翔)의 형세로 사람을 경탄(驚歎)시키네

宮(집 궁: 대궐), 殿(전각 전: 궁궐), 盤(소반 반: 소쟁반. 굽다. 돌다), 鬱(울창할 울:
울창하다)
樓(다락 루: 망루), 觀(볼 관: 누각), 飛(날 비: 비상하다), 驚(놀랄 경: 놀라게 하다)

낙양의 누관대는 높이 올라가 사방을 조망할 수 있는 건물로 중국도교
의 성지이다. 일찍이 노자가 이곳에서 도덕경을 전한 장소로 알려져 설
경대(說經臺)로도 불리며, 대숲과 송림 가운데 우뚝 솟아 사방을 조망할
수 있으므로 누관대로 통칭된다. 진(晉)나라의 혜제는 일찍이 광활한 사
방에 나무를 심고 삼백여 호를 이주시켜 돌보게 했다고 한다. 역대 대부
분의 왕실마다 안녕을 기원하는 주된 장소였다. 양무제는 만년에 정사를
돌보지 않을 정도로 불교와 도교에 심취한 군주이므로 두 구의 구성 때
문만이 아니라 누관대의 거론은 무제의 기분을 고쳐시키기에 알맞은 구
성이다.

궁전 속의 도안(圖案)은 금수(禽獸)를 묘사(描寫)했고
궁전 속의 벽화(壁畫)는 선령(仙靈)을 채색(彩色)했네

圖(그림 도: 그림), 寫(베낄 사: 본뜨다. 묘사하다), 禽(새 금: 새. 날짐승), 獸(짐승
수: 가축)

畵(그림 화: 벽화), 彩(채색 채: 채색하다), 仙(신선 선: 선녀. 신령), 靈(신령 령: 신
령. 혼령)

도안과 벽화, 묘사와 채색은 비슷한 말인 인대(隣對), 금수와 신령은 선
명성을 더해주는 반대(反對)로 대장 되었다. 분석은 다음과 같다.

圖(주어)/寫(동사)/禽獸(목적어)
畵(주어)/綵(동사)/仙灵(목적어)

丙舍傍啓 甲帳對楹

병 사 방 계 갑 장 대 영

bǐng shè páng qǐ jiǎ zhàng duì yíng

세 번째 서열인 병사(丙舍) 문이 양방(兩傍)으로 열리면(啓)
침실 휘장인 갑장(甲帳)은 단영(丹楹)을 대면(對面)하네

丙(셋째 천간 병: 셋째), 舍(집 사: 가옥), 旁(곁 방: 옆. 도움), 啓(열 계: 열리다)
甲(갑옷 갑: 갑옷. 첫째), 帳(장막 장: 휘장), 對(대할 대: 마주하다), 楹(기둥 영: 기둥)

병사는 고대 왕궁 정실 양쪽의 별실로 후에는 편전(偏殿), 배전(配殿)으로 불린다. 사는 군대의 하루 이동 거리인 30리를 가리키기도 한다. 《후한서·청하효왕경전(清河孝王慶傳)》의 "결국 송 귀인 자매를 축출하여 병사에 배치했다(遂出貴人姊妹置丙舍)."라는 구에 근거하면, 병사는 때로 총애를 잃은 왕비가 거처하는 냉궁(冷宮)의 역할도 했음을 알 수 있다.

후한 시대에 궁중의 정실 양쪽의 방은 갑, 을, 병으로 순서를 정했는데, 세 번째 방을 병사라 한다는 구절에 근거하면, 귀빈이 거처하는 별실에 해당할 것이다. 만당 시대 온정균(溫庭筠 약 812~866)의 〈주마루삼경곡(走馬樓三更曲)〉에서도 병사의 표현을 볼 수 있다.

春姿暖氣昏神沼 봄 자태 따뜻한 기운이 신령스러운 연못을 혼미하게 하고
춘 자 난 기 혼 신 소
李樹拳枝紫芽小 자두나무의 굽은 가지에 자줏빛 새싹 여리네.
이 수 권 지 자 아 소
玉皇夜入未央宮 밤 되자 황제가 미앙궁에 드니
옥 황 야 입 미 앙 궁
長火千條照栖鳥 천 줄기 긴 횃불 행렬 가지에 깃든 새를 비추네.
장 화 천 조 조 서 조

馬過平橋通畫堂 말이 평교를 지나 채색 전당을 통과하는데
마 과 평 교 통 화 당

虎幡龍戟風飄揚 호랑기와 용 그린 창은 바람에 휘날리네.
호 번 용 극 풍 표 양

簾間清唱報寒点 주렴 사이 맑은 노래가 추운 밤 시각을 알리니
염 간 청 창 보 한 점

丙舍無人遺爐香 병사에는 사람 없이 재향만 남았네.
병 사 무 인 유 신 향

주마루는 당나라 장안 대명궁 구선문(九仙門) 바깥쪽의 주마루를 가리킨다. 이 구에서의 병사는 편전의 뜻으로 쓰였다. 삼국 시대 때 행서의 달인 종요(鍾繇 151~230)의 〈묘전병사첩(墓田丙舍帖)〉은 다음과 같다.

"묘지의 병사(丙舍)를 이곳에 정한 까닭은 장손으로 하여금 성서에 있도록 하고자 함이었다. 장손은 도위부에 있었는데, 이 종요 가문의 적자는 그야말로 훌륭했다. 형제들은 모두 애통해하며 그를 특별히 여겼으니, 슬픔과 그리움에 상심이 절절했다."

이 구에서의 병사는 묘지의 사당이란 뜻이다. 고저(高翥 1170~1241)의 〈청명일대주(清明日對酒)〉에서도 이러한 구를 살필 수 있다.

南北山頭多墓田 남북의 산자락에 묘지 많으니
남 북 산 두 다 묘 전

清明祭掃各紛然 청명절 성묘에 제각각 분분하네.
청 명 제 소 각 분 연

紙灰飛作白蝴蝶 종이는 재되어 날면서 흰나비 무리를 이루고
지 회 비 작 백 호 접

淚血染成紅杜鵑 눈물은 피로 물들어 진달래 군집을 이루었네.
누 혈 염 성 홍 두 견

日落狐狸眠冢上 해 지자 여우는 무덤 위에서 잠들고
일 락 호 리 면 총 상

夜歸兒女笑灯前 밤에 돌아온 아녀자는 등불 앞에서 웃네.
야 귀 아 녀 소 정 전

人生有酒須當醉 인생에 술 있어 취하는 일 당연하나
인 생 유 주 수 당 취

一滴何曾到九泉 한 방울에 어찌 구천에 도달할 수 있겠는가!
일 적 하 증 도 구 천

묘전은 묘전병사의 준말이다. 이로써 미루어보면, 병사는 편전의 뜻으

로 쓰이다가 묘지의 사당이란 뜻으로 변했다는 사실을 알 수 있다.

갑장은 한무제 때 만든 호화로운 휘장이다. 무제는 진귀한 보배로써 상
감하여 갑장으로 여겼으며(以珍寶爲甲帳), 그다음을 을장으로 여겼다.
《한무고사(漢武故事)》에 근거한다.

무제의 휘장은 산호, 비취 등으로 상감했다. 영은 궁전 앞의 큰 기둥을
가리킨다. 기둥에는 주로 대련(對聯)을 새기는데, 영련(楹聯) 또는 주련
(柱聯)이라고도 한다. 영련의 두 구는 대장을 원칙으로 삼는다. 건청궁
양심전 후전의 기둥에 새긴 영련은 청대 광서황제(光緒皇帝)의 작품으로
회자된다.

修身先謹懍幽獨 홀로 있을 때는 수신을 우선하고
수 신 선 근 름 유 독
讀書在培養本源 치국의 근본배양은 독서에 있네.
독 서 재 배 양 본 원

제113·114구 肆筵設席 鼓瑟吹笙
sì yán shè xí gǔ sè chuī shēng

대자리(筵)를 늘어놓아 주석(酒席)을 설치(設置)하고
슬(瑟)로 고취(鼓吹)하고 생황(笙簧)을 취주(吹奏)하네

肆(방자할 사: 늘어놓다), 筵(대자리 연: 대자리. 주연), 設(베풀 설: 베풀다), 席(자리 석: 자리를 깔다)

鼓(북 고: 북. 북을 두드리다. 연주하다), 瑟(큰 거문고 슬: 큰 거문고. 비파), 吹(불 취: 연주하다), 笙(생황 생: 생황. 아악)

설석 구는 《시경·행위(行葦)》의 변용으로 볼 수 있다. 〈행위〉에서는 제사를 통한 기복(祈福)과 왕실, 귀족의 단결과 화락한 모습을 묘사했다. 해당 부분은 다음과 같다.

肆筵設席 대자리를 펼쳐 주석을 설치하고
사 연 설 석
授几有緝御 기댈 의자로 보조하여 계속 시중드네.
수 궤 유 집 어
或献或酢 때로는 주인이 권하고 때로는 빈객이 권하며
혹 헌 혹 초
洗爵奠斝 또다시 술잔 씻고 술그릇을 배치하네.
세 작 전 가

취생 구는 《시경·녹명(鹿鳴)》을 근거로 들 수 있다. 주나라 왕이 현사들을 초청하여 연회를 개최하는 장면을 묘사했다. 해당 부분은 다음과 같다.

呦呦鹿鳴 '유유' 하는 사슴의 울음소리.
유유녹명

食野之苹 들판에서 쑥을 뜯네.
식야지평

我有嘉宾 나는 빈객을 맞이하여
아유가빈

鼓瑟吹笙 슬을 연주하고 생황을 불게 한다네.
고슬취생

吹笙鼓簧 생황을 불고 피리를 연주하며 연회를 베푼 후
취생고황

承筐是將 돌아갈 때는 광주리에 선물을 담아 보낸다네.
승광시장

人之好我 빈객이 나를 좋아하는 까닭은
인지호아

示我周行 내가 두루 치국의 길을 보여주기 때문이라네.
시아주행

升階納陛 弁轉疑星

승 계 납 폐 변 전 의 성

shēng jiē nà bì biàn zhuàn yí xīng

승진(昇進)한 계단(階段)에서 단폐(丹陛)를 용납(容納)하여

피변(皮弁)의 구슬이 회전(回轉)하면 별(星)인가 의심(疑心)되었다네

升[오를 승: 되. 오르다(昇)], 階(섬돌 계: 층계), 納(들일 납: 거두어들이다. 받아들이다), 陛(대궐의 섬돌 폐: 대궐의 섬돌)

弁(고깔 변: 고깔. 관모), 轉(구를 전: 회전하다), 疑(의심할 의: 의심하다), 星(별성: 별)

신하가 구층의 궁전 계단을 올라 대궐의 섬돌에 들어서도록 허용된 후의 모습은 고깔에서 내려진 구슬이 회전하면서 등불에 비치면 별인가 의심될 정도라고 풀이할 수 있다. 세와 폐는 둘 다 계단의 뜻이지만, 일반적인 계단은 계, 제왕이 거처하는 궁전의 계단은 폐라고 한다. 폐는 모두 주사(朱砂)를 사용하여 붉은색으로 칠했는데 이를 단지(丹墀)라고 한다. 폐하(陛下)라는 말은 원래 황제를 가리키는 말이 아니라 신하가 계단 아래서 아뢴다는 말이다. 제왕은 폐상(陛上)에 위치하므로 폐하라는 말은 황제를 칭하는 말로는 쓸 수 없다.

변은 고대의 관모로 작변(爵弁)과 피변(皮弁)으로 구분한다. 작변은 구슬이 없는 흑색 면류관(冕旒冠)으로 천자나 제후가 대제를 지낼 때 썼으나, 천자만 쓰는 규정으로 바뀌었다. 면류관의 상면에는 장방형의 판이 있는데 이를 연(延)이라 한다. 연의 전후로 구슬을 꿰어 늘이는데, 이것을

류(旒)라 한다. 천자는 12개, 제후는 10개이다. 류를 늘어뜨리는 까닭은 명찰과 관용의 두 가지 목적을 겸한다. 즉, 신하의 허물을 보았더라도 관용을 베풀라는 뜻과 한편으로는 자세히 살펴보라는 뜻을 가진다.

의성 구는 《시경·기오(淇奧)》를 근거로 삼을 수 있다. 위(衛)나라 무공(武公)의 덕을 찬미했다. 해당 부분의 내용은 다음과 같다.

瞻彼淇奧 저 위나라 기오강을 바라보면
첨 피 기 오
綠竹青青 녹죽은 푸르고도 푸르네.
녹 죽 청 청
有斐君子 저 훌륭한 위나라 군자의 덕은
유 비 군 자
充耳琇瑩 귀에 걸린 옥돌 같고
충 이 수 옥
會弁如星 고깔에 모인 구슬은 별과 같네.
회 변 여 성

제117·118구 右通廣內 左達承明

yòu tōng guǎng nèi   zuǒ dá chéng míng

우측(右側)으로 가면 광내전(廣內殿)과 교통(交通)하고
좌측(左側)으로 가면 승명전(承明殿)에 도달(到達)하네

右(오른쪽 우: 오른쪽), 通(통할 통: 통하다), 廣(넓을 광: 넓다), 內(안 내: 속)
左(왼 좌: 왼쪽), 達(통달할 달: 도달하다), 承(이을 승: 계승하다), 明(밝을 명: 밝
히다)

낙양과 장안성 내부를 묘사함으로써 양무제에게 천하통일의 큰 뜻을
가지라는 주흥사의 거듭되는 충간이자 상주문의 상용 표현이다. 대장의
분석은 다음과 같다.

右(방향)/通(동사)/廣內(목적어, 건물명, 장소)
左(방향)/達(동사)/承明(목적어, 건물명, 장소)

既集坟典 亦聚群英

기 집 분 전 역 취 군 영

jì jí fén diǎn yì jù qún yīng

광내전에는 이미(既) 삼분오전(三墳五典)의 서적을 집적(集積)했고
승명전에는 역시(亦) 군웅(群雄)과 영웅(英雄)을 취집(聚集)했다네

既(이미 기: 벌써. 이전에), 集(모을 집: 모으다. 모이다), 坟(무덤 분: 크다), 典(법
선: 법전. 경전)
亦(또 역: 또한), 聚(모을 취: 모이다), 群(무리 군: 무리), 英(꽃부리 영: 꽃)

삼분은 복희(伏羲), 신농(神農), 황제(黃帝)의 치적에 관한 서적이며, 오
전은 소호(少昊), 전욱(顓頊), 제곡(帝嚳), 요와 순임금의 치적에 관한 서
적이다. 중국 역사의 유구함과 조상의 빛나는 치적을 상징한다. 대장을
분석하면 다음과 같다.

> 既(이미, 부사)/集(동사)/坟(수 개념)/典(전장제도)
> 亦(또한, 부사)/聚(동사)/群(수 개념)/英(영웅인물)

군영은 무리지은 영웅으로도 풀이할 수 있지만, 삼분오전에 대장되므로
군웅과 영웅으로 풀이해야 타당하다.

제121·122구 杜稿鍾隷 漆書壁經

dù gǎo zhōng lì qī shū bì jīng

궁전에는 두도(杜度)의 초고(草稿)와 종요(鍾繇)의 예서(隷書)를 볼 수 있고 궁전에는 옻(漆) 액으로 쓴 서적(書籍)과 공자 고택의 벽장(壁檻)에서 발견된 경서(經書)도 볼 수 있네

杜(막을 두: 막다), 稿(원고 고: 원고. 초고), 鍾(쇠북 종: 술잔), 隷(종 례: 죄인. 예서)

漆(옻 칠: 옻나무), 書(글 서: 글씨. 문장), 壁(벽 벽: 담), 經(지날 경: 경서)

두도(杜度 생졸년 미상)는 한 장제(章帝) 때의 사람으로, 초서의 성인이라 불린다. 종요(鍾繇 151~230) 역시 삼국 시대에 유명 서예가로 명성을 떨쳤다. 칠서는 먹과 붓이 아직 개발되기 이전에 다듬은 나뭇가지와 옻을 사용하여 죽간에 새긴 글자로 과두문(蝌蚪文)이리고도 한다. 벽경은 공자의 고택 벽장에서 찾아낸 경서를 가리킨다.

진시황 때 분서갱유 사건이 발생하자, 공자의 후손은 벽 속에다 경서를 감추었다. 한나라가 천하를 통일한 후, 무제는 동생을 노나라 공왕(恭王)에 봉했다. 공왕이 공자의 옛집을 허물고 궁전을 지으려 할 때, 소실되었던 《상서》 100편, 《예기》 3백 편, 《준추》 30년, 《논어》 21편을 발견했다. 이때 거문고 소리가 들려왔다. 공왕은 두려워서 다시 진흙으로 벽장을 밀봉한 뒤 무제에게 상소를 올렸다. 무제가 관리를 파견해 여러 경서와 《논어》를 발굴하니 비로소 모든 경전을 찾을 수 있었다. 《논형·일문(佚文)》에 근거한다.

제123·124구 府羅將相 路俠槐卿

fǔ luó jiàng xiàng　lù jiā huái qīng

관부(官府)에서는 장군(將軍)과 재상(宰相)을 망라(網羅)한 다음
길(路)에서는 회화나무(槐)로 상징되는 삼공과 구경(九卿)을 끼고(俠) 행
차했다네

府(바를 부. 관청), 羅(벌일 라: 망라하다), 將[장수 장, 장차 장: 장수(將帥). 장차],
相(서로 상: 모양)

路(길 로: 도로), 俠(의기로울 협: 호협하다. 끼다), 槐(회화나무 괴: 삼공), 卿(벼슬
경: 장관 이상의 벼슬. 임금이 신하를 부르는 말)

　　지난날 화려했던 낙양과 장안의 모습을 이어 설명했다. 회화나무는 민
간신앙에서 숭배해온 신목으로 장수와 길상의 상징이다. 서주 시대 때 사
직단 주위에 심은 나무 중의 하나다. 《상서·일편(逸篇)》의 기록은 다음
과 같다. "대사에는 소나무를 심고, 동사에는 측백나무를 심고, 남사에는
가래나무를 심고, 북사에는 회화나무를 심는다."
　　이로써 미루어 보면 회화나무는 사직의 방위와 중요성을 나타내는 표식
이었다. 《주례·사사조사(士師朝士)》의 기록은 다음과 같다.
　　조사는 국가의 정무를 책임지는 관리다. 좌측에는 아홉 그루의 대추나
무를 심어 이로써 고(孤), 경(卿), 대부(大夫)가 조정에 서는 위치를 나타
낸다. 여러 선비가 조정에 서는 위치는 그들의 뒤쪽이다. 우측에도 아홉
그루의 대추나무를 심어 이로써 공(公), 후(侯), 백(伯), 자(子), 남작(男爵)
이 조정에 서는 위치를 나타낸다. 여러 관리가 조정에 서는 위치는 그들

의 뒤쪽이다. 전면에는 세 그루의 회화나무를 심어 이로써 삼공이 조정에 서는 위치를 나타낸다. 각 주의 장과 백성의 대표는 그들의 뒤에 위치한다.

구경은 시대에 따라서 그 명칭이 약간 다르다. 주나라 때의 9경은 천관(天官)인 총재(冢宰), 지관(地官)인 사도(司徒), 춘관(春官)인 종백(宗伯), 하관(夏官)인 사마(司馬), 추관(秋官)인 사구(司寇), 동관(冬官)인 사공(司空) 및 소사(少師), 소부(少傅), 소보(少保)이다.《주례·고공기(考工記)》에 근거한다.

제125·126구 户封八縣 家給千兵

hù fēng bā xiàn jiā jǐ qiān bīng

삼공, 구경의 가가호호(家家戶戶)마다 8현(八縣)을 봉(封)했고
삼공, 구경의 가가호호마다 천(千) 명의 병사(兵士)를 공급(供給)했다네

户(집 호: 집), 封(봉할 봉: 봉하다), 八(여덟 팔: 여덟 번), 縣(고을 현: 현)
家(집 가: 집. 집안), 給(줄 급: 공급하다), 千(일천 천: 일천), 兵(병사 병: 군사. 병기)

국가에 공을 세워 제왕의 은택을 받은 삼공과 구경의 위세를 표현했다.
대장의 구성에는 기본적으로 품사가 같아야 하며, 八과 千처럼 숫자에는
반드시 숫자로 대장 한다.

户(명사)/封(동사)/八(숫자)/縣(명사, 지역)
家(명사)/給(동사)/千(숫자)/兵(명사, 사람)

고 관 배 련 구 곡 진 영
高冠陪輦 驅轂振纓
gāo guān péi niǎn qū gǔ zhèn yīng

고고(高高)한 관모(冠帽)를 쓴 관리들은 황제의 수레(輦)를 모시는데(陪)
말을 몰아 내달릴 때의(驅) 수레바퀴(轂)는 고관의 갓끈(纓)을 진동(振動)
시켰다네

高(높을 고: 고상하다), 冠(갓 관: 갓), 陪(모실 배: 수행하다), 輦(가마 연: 임금이
타는 수레)
驅(몰 구: 말을 타고 몰다. 빨리 달리다), 轂(바퀴통 곡: 통괄하다), 振(떨칠 진: 진
동하다), 纓(갓끈 영: 갓끈)

제103구부터 총결하여 상주문 형식으로 나타내면 다음과 같다.

都邑華夏 도읍은 화려하고도 광대했으니
東西二京 동쪽의 낙양과 서쪽의 장안입니다.
背邙面洛 낙양은 북망산을 배경 삼고, 낙수를 면전에 두었으며
浮渭據涇 장안은 위수에 부상한 것 같고, 경수에 의거한 것 같습니다.
宮殿盤鬱 궁전의 위용은 쟁반이나 울창한 숲의 모습 같고
樓觀飛驚 특히 누관대는 비상의 형세로 사람을 경탄시킵니다.
圖寫禽獸 궁전 속의 도안은 금수를 묘사했고
畵綵仙靈 궁전 속의 벽화는 신선을 채색했습니다.
丙舍傍啓 편전 문이 양쪽으로 열리면
甲帳對楹 화려한 침실 휘장은 붉은 기둥을 마주합니다.

肆筵設席 비빈은 대자리 펴고 술자리 마련하여

鼓瑟吹笙 슬과 생황으로 분위기를 고취시킵니다.

升階納陛 장군과 재상은 승진한 계단에서 단폐가 용납되면

弁轉疑星 관모의 구슬은 별인가 의심되었습니다.

右通廣內 우측으로 가면 광내전이며

左達承明 좌측으로 가면 승명전입니다.

既集墳典 광내전에는 삼분오전의 서적이 구비되어 있고

亦聚群英 승명전에는 군웅과 영웅들이 모여듭니다.

杜稿鍾隷 두도의 초고와 종요의 예서를 감상할 수 있고

漆書壁經 옻 액으로 쓴 서적과 희귀본 경서도 볼 수 있습니다.

府羅將相 제왕은 관부에 장군과 재상을 모은 다음

路俠槐卿 길에서 삼공과 구경을 끼고 행차했습니다.

戶封八縣 삼공구경의 가가호호마다 8현을 봉했고

家給千兵 삼공구경 가가호호마다 천명의 병사를 공급했으니

高冠陪輦 고고한 관모를 쓴 관리들은 승은에 감사하며 황제를 모시는데

驅轂振纓 내달릴 때의 수레바퀴는 갓끈을 진동시켰습니다.

세 록 치 부 거 가 비 경
世祿侈富 車駕肥輕
shì lù chǐ fù chē jià féi qīng

장군과 재상은 세대(世代)에 걸친 작록(爵祿) 덕분에 사치(奢侈)하고 부
유(富裕)했으니
수레(車)와 멍에(駕)를 걸친 말 위의 사람들은 모두 살지고(肥) 가벼운
(輕) 갖옷을 입었다네

世(인간 세: 세상), 祿(녹 록: 녹봉), 侈(사치할 치: 사치하다), 富(부유할 부: 부유하다)
車(수레 거: 수레), 駕(멍에 가: 멍에. 임금이 타는 수레), 肥(살찔 비: 기름지다. 살
진 말), 輕(가벼울 경: 업신여기다)

두 구는 천하통일 또는 치국의 길에서 공을 세운 장군과 재상이 누리
는 작록과 그들의 공을 구체적으로 나타낸 발단 구에 해당한다. 또한, 통
일의 대업을 이룬 후 마음대로 감상할 수 있는 광활한 강산의 모습을 상
기시켰다. 제162구 암수묘명(巖岫杳冥)까지 연관된다.

재상과 장군은 공적(功績)을 꾀하여(策) 열매(實)를 무성(茂盛)하게 맺었으니
그들의 공은 비석(碑石)에 굴레(勒)를 씌우듯 새겨졌고 명문(銘文)으로도 새겨졌다네(刻)

策(꾀 책: 계책. 기록하다. 꾀하다. 채찍질하다), 功(공 공: 공로. 공적), 茂(무성할 무: 무성하다), 實(열매 실: 열매)
勒(굴레 륵: 굴레. 재갈), 碑(비석 비: 비석), 刻(새길 각: 조각하다), 銘(새길 명: 마음속 깊이 새기다)

재상의 책략과 장군의 무공은 무성한 초목의 잎과 잘 익은 열매 같았으니, 장군과 재상의 공은 비석에 굴레를 씌우듯 새겼고 금속에도 새기고 마음에도 새겼다고 풀이할 수 있다. 그러나 변려문의 특징상 가능한 대장에 맞추어서 풀이하는 것이 좋다. 대장 분석은 다음과 같다.

策(동사)/功(목적어)/茂(동사)/實(목적어)
勒(동사)/碑(목적어)/刻(동사)/銘(목적어)

제133·134구 磻溪伊尹 佐時阿衡

반계(磻溪)와 이윤(伊尹)은

군주의 어려운 때를(時) 보좌(補佐)한 언덕(阿)과 저울(衡) 같은 신하였네

磻(강 이름 반: 강 이름), 溪(시내 계: 시냇물), 伊(저 이: 저), 尹(성씨 윤, 다스릴 윤: 성. 벼슬)

佐(도울 좌: 보좌하다), 時(때 시: 때), 阿(언덕 아: 언덕), 衡(저울대 형: 저울)

반계로도 불리는 강태공과 상나라 명신 이윤은 주나라 무왕과 상나라 탕왕의 어려운 때를 보좌했는데, 군주가 기댈 수 있는 언덕 같고, 일 처리를 공평하게 재는 저울 같은 신하였다고 좀 더 풀어서 풀이할 수 있다. 본래 아형은 이윤의 관직명으로 반계 구가 없다면 좌시아형은 이윤에 대한 설명만 나타낸다.

낙양과 장안성의 화려했던 지난날은 훌륭한 재상과 장군의 책략과 무공 덕분이라는 점을 상주했다. 먼저 재상의 공으로 반계와 이윤의 사례를 든 것이다. 반계는 강태공의 별칭이다. 강태공은 태공망 여상(呂尙 기원전 1156~기원전 1017)으로 상나라 말기에서 서주 초기의 걸출한 정치가이자 군사 전문가이다. 무왕을 보좌하여 주(紂)왕을 토벌한 후, 주 왕조를 건립하는 데 큰 공을 세웠다. 일찍이 반계 강가에서 낚시를 하면서 세월을 보냈기 때문에 반계라는 별칭이 붙은 것이다. 그가 전한《태공육도(太公六韜)》의 병법서는 손무(孫武), 귀곡자(鬼谷子), 황석공(黃石公),

제갈량(諸葛亮)을 비롯하여 후대의 군사 책략가들에게 큰 영향을 끼쳤다. 그에 대한 다양한 일화와 전설이 전해지는데, 그중에서도 복수난수(覆水難收)가 회자된다.

여상은 일찍부터 단지 낚시만 할 줄 알 뿐, 집안일에 일체 무관심하여 매우 빈궁했다. 그의 처인 마씨는 마침내 그를 포기하고 집을 떠나기로 결심했다. 그러자 여상이 만류하면서 말했다.

"조금만 더 지나면 부귀영화를 누릴 수 있는데, 이렇게 떠나려 하다니!"

그러나 그동안 너무나 지쳤던 마씨는 여상의 말을 듣지 않고 그대로 떠나 버렸다. 얼마 후 마씨는 주 왕조 건립에 공을 세워 부귀영화를 누리는 여상에게 되돌아오려 했다. 그러자 여상은 한 병의 물을 가져와 땅에 부은 뒤 마씨에게 도로 담도록 했다. 마씨는 아무리 애를 써 보아도 손바닥에는 진흙만 묻을 뿐이었다. 이를 지켜보던 여상이 말했다. "이처럼 말로서야 헤어져도 다시 합할 수 있지만, (믿음이 사라지면) 엎지른 물을 수습하기 어려운 것과 같다오(若言離更合, 覆水已難收)."

뒷이야기가 없어서 아내를 받아들였는지 아닌지는 알 수는 없다. 그러나 그대로 내쳤다면, 70살 이후까지 내조했다는 말이 전하는 이상, 제아무리 위대한 인물로 평가받을지라도, 이러한 평가를 모조리 상쇄하고도 남을 만큼 역사상 가장 옹졸한 인간이라고 평가하고 싶다.

이윤(伊尹 기원전 1649~기원전 1550)은 하나라 말기에서 상나라 초기에 활약했던 정치가로서 상나라의 개국공신이며, 승상의 존호인 '아형(阿衡)'이라 불리었다. 솥을 짊어지고 따르며 요리하여 탕에게 유세한 이정팽세탕(以鼎烹說湯)의 고사가 전한다.

이윤은 일찍이 이수(伊水)에 살았는데, 성년이 된 후 떠돌다 유신(有莘)이라는 지방에 정착하여, 농사를 짓고 살았다. 지위는 비록 비천했으나, 언제나 천하를 염려하는 큰 뜻을 품고 있었다. 그는 유신의 군주가 현명하고 덕을 갖추었다고 판단하여, 군대를 일으켜 하나라를 멸망시키도록 권하기로 마음먹었다.

유신의 군주에게 접근한 그는 자원하여 노예의 신분으로 전락했으며, 유신 군주의 요리사로 동행했다. 오랜 기간 동안 유신 군주를 관찰한 결과 그는 유신군주가 하나라를 멸망시킬 만한 능력과 이상이 없는 인물임을 간파하고 당시 유력한 인물로 떠오르던 탕에게 의탁하기로 마음먹었다. 이 당시 탕은 유신군의 딸을 아내로 맞아들일 참이었다. 그는 솥과 도마를 짊어지고 신부와 동행했다. 탕을 만난 이윤은 요리를 만들어 올리면서 천하의 대세와 정치의 도리를 설명했다. 아울러 탕으로 하여금 하나라를 멸망시키는 대임을 다해 주기를 청했다. 탕은 이윤의 그릇을 깨닫고, 즉시 노예 신분에서 해방시켜 자신을 보좌시켰다.

주나라 성왕은 순식간에(奄) 곡부(曲阜)를 택지(宅地)로 정할 수 있었으니 미세(微細)한 곳까지 신경 쓴 주공단(周公旦)이 아니라면 누가(孰) 경영 (經營)했겠는가!

　奄(문득 엄: 갑자기), 宅(집 택: 집), 曲(굽을 곡: 굽히다), 阜(언덕 부: 언덕)
　微(작을 미: 자세하고 꼼꼼하다), 旦(아침 단: 아침), 孰(누구 숙: 누구), 營(경영할
　영: 경영하다)

　주공이 성왕을 도운 이야기는 제87구 제고백숙(諸姑伯叔)에서 설명 했다.

제137·138구 桓公匡合 濟弱扶傾

huán gōng kuāng hé jì ruò fú qīng

제나라 환공(桓公)은 제후들을 광정(匡正)하고 규합(糾合)했으며
약소국(弱小國)을 구제(救濟)하고 부조(扶助)하는 일에 힘을 기울였다네(傾)

桓(굳셀 환: 크다), 公(공평할 공: 공평하다), 匡(바를 광: 바로잡다), 合(합할 합:
모으다)
濟(건널 제: 건너다. 돕다. 구제하다), 弱(약할 약: 약자), 扶(도울 부: 지원하다), 傾
(기울 경: 마음을 기울이다)

제환공(?~기원전 643)은 강태공의 12대 자손으로 춘추 시대 때 제나라
의 내란을 극복하고 15대 군주로 재위(기원전 685~기원전 643)했다. 즉위
후 명신 관중(管仲)을 중용하고 개혁을 단행하여 제나라를 강국으로 만
들었으며, 중원의 여러 제후를 규합하여 춘추오패의 수장이 되었다. 그러
나 말년에는 정사를 돌보지 않고, 관중이 죽은 후에는 역아(易牙)와 수조
(竪刁) 같은 소인을 기용하여 나라는 점차 혼란에 빠져들었으며, 결국 병
사했다. 두 구는 환공의 치적을 소개하는 내용이기도 하지만 관중 같은
현신을 중용해야 나라가 발전할 수 있다는 함의도 품고 있다.

제139·140구　綺回漢惠 說感武丁

qǐ huí hàn huì yuè gǎn wǔ dīng

기리계(綺里季)는 한혜제(漢惠帝)의 폐위를 되돌렸으며(回)
부열(傳說)은 무정군주(武丁君主)를 감동(感動)시켰다네

綺(비단 기: 아름답다), 回(돌아올 회: 돌아오다. 돌이키다), 漢(한나라 한: 한나라. 은하수), 惠(은혜 혜: 사랑)
說[말씀 설, 달랠 세, 기뻐할 열: 말하다. 유세하다(세). 기뻐하다(열)], 感(느낄 감: 감응하다), 武(호반 무: 무인. 군대의 위용. 무력), 丁(고무래 정, 장정 정: 고무래. 장정)

　고사의 함축이어서 자의대로는 그 뜻을 알기 어렵다. 기리계를 비롯한 상산사호(商山四皓)는 유방의 마음을 되돌려 태자 유영이 폐위되지 않고 한혜제에 등극할 수 있도록 도왔으며, 노예 신분이었던 부열의 능력은 상나라 무정군주를 감동시켜 재상에 발탁된 후 재능을 발휘했다고 풀이할 수 있다.

　상산사호는 기리계(綺里季), 동원공(東園公), 하황공(夏黃公), 녹리선생(甪里先生)을 가리킨다. 진나라 말기와 한나라 초기에 관직을 원하지 않고 상산에 은거했던 인물들로, 세상에 모습을 드러내었을 때는 80세 전후여서 머리와 눈썹이 모두 희었기 때문에 붙은 별칭이다. 한나라 통일 후 유방이 그들의 명성을 듣고 중용하려 했으나 거절했으며, 〈자지가(紫芝歌)〉라는 노래를 부르고 다녔다. 자지는 불로장생을 추구하는 데 필요한 영지버섯이다.

莫莫高山 아득하고 높은 산
막 막 고 산

深谷逶迤 깊은 계곡은 구불구불 굽이지네.
심 곡 위 이

曄曄紫芝 빛나는 자색 영지
엽 엽 자 지

可以療飢 허기를 물리칠 수 있다네.
가 이 료 기

唐虞世遠 요순임금 태평성세는 멀어졌으니
당 우 세 원

吾將何歸 우리가 장차 어디로 가겠는가!
오 장 하 귀

駟馬高蓋 네 필의 말이 끄는 수레의 고고한 덮개
사 마 고 개

其憂甚大 그 모습 보는 근심은 심히 크다네.
기 우 심 대

富貴之畏人兮 부귀의 권세는 사람을 두렵게 하니
부 귀 지 외 인 혜

不如貧賤之肆志 빈천의 네 사람 뜻만 못하네.
불 여 빈 천 지 사 지

유방이 등극 후, 장자인 유영을 태자로 둘째인 여의(如意)를 조왕(趙王)에 봉했다. 그런데 날이 갈수록 유영은 유약하고 재능이 드러나지 않는데 비해 여의는 오히려 총명이 지나치고 능력이 출중하여 유영을 폐위시키고 여의를 내세우고자 생각했다. 이 소식을 들은 유영의 모친 여후(呂后)가 개국공신 장량을 황급히 불러들여서 대책을 물으니, 상산사호로 하여금 태자를 보필하는 것이 좋다는 간언을 들었다. 어느 날, 유방은 태자와 함께 주연 자리에 참석했는데, 뜻밖에도 상산사호가 태자를 보위하고 있었다. 사호는 다음과 같이 말했다.

"태자는 인의를 갖춘 인물로, 효심이 깊고, 현사들을 예우한다고 들어, 빈객으로 초청받아 왔습니다."

이 말은 들은 유방은 많은 사람이 태자를 동정하며, 상산사호 같은 현인들이 태자를 보필한다면 굳이 여의로 교체할 필요가 없다고 생각하여, 단념했다. 이리하여 유영이 유방의 뒤를 이어 등극할 수 있었으니, 바로 한혜제(漢惠帝)이다.

무정은 상나라 22대 군주로 59년 동안 재위했다. 부열과 무정에 관한 일화는 《상서》를 비롯하여 《맹자》와 《순자》 및 《한비자》 등 대부분의 고서에서 전하고 있는바, 대강의 내용은 다음과 같다.

무정이 등극했을 무렵, 상나라의 국력은 이미 기울어진 상태였다. 상나라의 중흥에는 무엇보다 자신을 잘 보좌해 줄 현인이 필요하다고 생각한 그는 3년 동안 국사를 총재(冢宰) 관직에게 맡기고, 나라를 돌아다니며 인재를 관찰했다.

어느 날 꿈속에서 한 현인이 나타나 다음과 같이 말했다. "저는 현재 죄수로, 성은 부, 이름은 열이라고 합니다. 천하에서 저를 찾아 중용하신다면, 큰 도움이 될 것입니다."

꿈을 깬 무정이 가만히 생각해 보니, 부는 보좌하다, 열은 기쁘게 하다의 뜻이므로, 천하에서 나 아니면 누가 당신을 보좌하여 나라를 일으키고 백성을 기쁘게 하겠는가라는 뜻으로 풀이되었다. 이리하여 화공으로 하여금 꿈속의 인물을 그리게 한 후, 방방곡곡으로 사람을 보내어 비슷하게 생긴 인물을 찾도록 했다. 마침내 북해의 우(虞), 괵(虢) 지방 사이의 부암(傅岩)이란 곳에 열이란 죄수가 있어, 그림과 대조해 보니 매우 비슷했다.

부열은 본래 현사였으나, 매우 곤궁한 처지여서, 자신을 팔아 죄수의 신분으로 부암의 축성 공사에 동원되어 의식을 해결하는 중이었다. 무정이 곧바로 그를 만나 이야기를 나누어보니, 바로 그 꿈속의 현인이었다. 많은 반대를 무릅쓰고 곧바로 재상으로 중용하여 국정을 보좌하게 하니, 곧바로 나라의 혼란을 극복하고, 백성을 안정시키고 현사들을 등용시켜, 나라를 중흥시킴으로써 무정을 감동시켰다. 열감무정은 이러한 일화에 잘 들어맞는 구성이다.

제141·142구 俊乂密勿 多士寔寧
jùn yì mì wù duō shì shí níng

조정에는 준걸(俊傑)과 현사(乂)들이 빈틈없이(密) 분주하고(勿)
수많은(多) 현사(賢士)들의 노력에 나라는 이로써(寔) 안녕(安寧)하다네

俊(준걸 준: 준걸), 乂(벨 예: 뛰어나다), 密(빽빽할 밀: 빈틈없다), 勿(말 물: 말다.
분주한 모양)
多(많을 다: 뛰어나다), 士(선비 샤: 관리), 寔(이 식: 이것. 진실로), 寧(편안할 녕:
편안하다)

준예는《상서·고요모(皋陶謨)》를 근거로 삼을 수 있다. 고요는 순임금
의 신하이며 모는 책략을 뜻한다. 관용, 위엄, 유화, 강직, 온화, 독실 등
제왕이 갖추어야 할 아홉 가지 덕으로 이러한 딕을 가진 제왕의 다스림에
는 틀림없이 준걸들이 관직을 맡게 될 것(九德咸事, 俊乂在官)이라는 설
명이다. '密勿'은 힘써 노력하다는 뜻으로《한서·유향전》의 밀물종사(密
勿從事) 등에 근거한다.

다사는 굳이 근거를 찾는다면《시경·문왕》을 들 수 있다. 해당 부분은
다음과 같다.

世之不顯 대를 이은 공신들의 크나큰 영광
세 지 불 현
厥猶翼翼 군신들의 책략은 깊고도 깊네.
궐 유 익 익
思皇多士 아아! 훌륭한 여러 현사들
사 황 다 사

生此王國 이 주나라 왕국을 탄생시켰네.
생 차 왕 국

王國克生 현사들에 의해 왕국은 탄생할 수 있었으니
왕 국 극 생

維周之楨 현사들은 이 주나라의 골간이라네.
유 주 지 정

濟濟多士 질서 있고 위엄 있는 많은 현사들
제 제 다 사

文王以寧 문왕은 이로써 안녕해졌네.
문 왕 이 녕

제143·144구 晉楚更霸 趙魏困橫

jìn chǔ gēng bà zhào wèi kùn héng

진(晉)나라와 초(楚)나라는 패권(霸權)을 바꾸어(更) 쥐었으며
조(趙)나라와 위(魏)나라는 연횡(連橫) 정책에 곤란(困難)했다네

晉(진나라 진: 진나라), 楚(나라 초: 초나라), 更(고칠 경, 다시 갱: 고치다. 변경되다. 시각), 霸(으뜸 패: 패권)

趙(나라 조: 조나라), 魏(나라 이름 위: 조나라), 困(곤할 곤: 곤경에 처하다), 橫[가로 횡: 연횡책(連橫策)]

    진 문공이 성복대전(城濮大戰)에서 초나라를 대패시켰으나 초 장왕은 다시 진나라를 공격하여 패권을 쥐었으며, 조나라와 위나라는 진나라 장의의 연횡 정책으로 곤경에 처했다고 풀이할 수 있다.

    진문공(晉文公 기원전 697~기원전 628)은 춘추 시대 때 진나라 22대 군주로, 춘추오패의 한사람이다. 초장왕(楚莊王 ?~기원전 591)은 역시 춘추오패의 한사람으로 오패 중에서 가장 국력을 신장시켰다. 두 나라의 위세가 오패 중에서 가장 강했으며, 제1차 전투인 성복대전(城濮大戰)에서 진나라는 초나라를 대패시키고 장기간 맹주로서 위세를 떨쳤다. 이후 초나라 장왕은 절치부심(切齒腐心)하여 기원전 597년, 필(邲) 지방에서 진나라에 대승을 거두었다. 역사에서는 제환진문(齊桓晉文)으로 병칭된다.

    문공과 관련해서는 청명한식(淸明寒食)의 고사가 잘 알려져 있다. 문공이 왕위에 오르기 전, 권력의 암투로 인해 타국을 전전하던 시절이 있었

다. 이 당시 초라한 행색은 물론이고, 굶주림이 일상사였다. 어느 해인가 거의 아사 직전에 이르렀을 때, 그를 따르던 개자추(介子推)는 자신의 허벅지 살을 베어 국을 끓여 먹였으며, 그 사실을 안 문공은 크게 감탄했지만, 귀국하여 제위에 오른 후에는 까맣게 잊고 있었다. 분분한 논공행상에 휘말리기 싫었던 개자추는 서운한 감정을 감춘 재, 노모를 모시고 면산(綿山)으로 은거해 버렸다. 후일 자신의 잘못을 깨달은 문공은 직접 면산으로 가서 개자추와 만나기를 희망했으나, 개자추는 만나기를 거절하고 오히려 더 깊이 숨어버렸다. 이에 불을 지르면 나타나리라 생각한 문공은 불을 지른 후 기다렸지만, 큰 버드나무 아래서 노모를 껴안고 죽은 시신만 발견했을 뿐이었다.

문공은 개자추를 기리기 위해 이날에는 불을 피워 음식을 만들지 못하도록 명령을 내렸으며, 해마다 신하들을 이끌고 이 산을 찾아 제사를 지내고 버드나무를 다시 심어 부활시켰다. 이 버드나무를 청명류(淸明柳)라 한다. 24절기 중의 하나인 청명과 한식은 이로부터 유래한다.

초장왕에 대해서는 절영지연(絶纓之宴)의 고사가 회자된다. 장왕이 반란을 평정한 어느 날, 총애하는 비빈 허희(許姬)와 함께 군신들을 위로하는 성대한 연회를 개최했다. 해가 질 때까지 주흥은 도도하여, 장왕은 촛불을 밝혀 밤새도록 흥이 이어지도록 명령했다. 그런데 홀연 일진광풍이 불어 촛불이 모두 꺼지는 사고가 발생했는데, 이 순간 우연인지, 실수인지는 모르지만, 술에 취한 어떤 관원이 허희의 손을 더듬고, 껴안으려 했다. 허희는 관원을 밀치고 그의 갓끈을 잡아당겨 떼어낸 후, 촛불이 다시 켜지자 장왕에게 갓끈을 보이면서 자초지종을 이야기했다. 그런데 이야기를 들은 장왕은 허희가 내민 갓끈을 살피지도 않고, 오히려 다시 촛불을 끄게 한 뒤, 큰 소리로 말했다.

"모두 다 자신의 갓끈을 떼도록 하시오. 이후에 불을 켤 것이오."

연회가 끝난 후, 침실로 돌아간 허희가 장왕에게 화를 내자, 장왕은 웃으며 말했다.

"오늘 연회는 그동안 고생한 군신들을 위로하는 자리라오. 술이 과하면 추태를 부릴 수 있는 것은 인지상정이니, 너무 언짢게 생각하지 마시오."

갓끈을 떼어내도록 명령하여 아랑을 베푼 절영지연의 전고는 이로부터 유래한다.

곤횡 구는 합종연횡(合從連橫)에 대한 설명이다. 합종은 전국 시대의 소진(蘇秦)이 강한 진(秦)나라에 맞서려면 육국의 제후가 연합해야 한다고 유세한 책략이다. 이 책략은 크게 성공하여 천하통일을 꿈꾸던 진나라는 10여 년 동안 타국을 넘볼 수 없었으며, 소진은 육국의 재상을 겸했다.

소진이 제나라 사람에게 피살되고, 육국의 연합이 느슨해질 무렵, 신나라의 혜문왕은 난국을 타파할 새로운 책략을 찾는 중이었다. 이때 이웃 나라를 끌어들여 멀리 있는 나라를 공격하거나(近交遠攻), 때로는 먼 나라와 교류하여 이웃 나라를 공격하도록(遠交近攻) 유도하는 책략이 장의(張儀)의 합종(合從) 책략이다. 이 합종 책략의 성공을 바탕으로 진나라는 마침내 천하통일을 이룰 수 있었다. 소진과 장의는 역사상 뛰어난 책략가로 알려져 있다. 그런데 이처럼 뛰어난 사람을 현인이라 부르지 않고 영인(佞人)이라 부른다. 《논형》에서는 영인을 다음과 같이 설명하고 있다.

영인은 천성적인 재능으로 타인을 속이며 군주에게 유세할 때는 반드시 술수로써 군주를 감동시킨다. 마치 명장이 자유자재로 적을 복종시키며, 전투에 임해서는 반드시 병법으로 병사를 움직이는 것과 같다. 그들의 술수는 바로 합종연횡이며, 선생은 바로 귀곡자다. 《사기·열전》에서는 다음과 같이 기록하고 있다.

"소진과 장의는 귀곡 선생으로부터 합종연횡의 계책을 배웠다. 귀곡 선생은 두 사람에게 구덩이를 파게 한 뒤 구덩이 속에서 유세하게 했다. 귀곡 선생이 말했다. '구덩이 속에서 유세해서 내가 눈물을 흘리게 만든다면 군주의 땅을 나누어 가질 수 있을 것이다.'

소진이 구덩이 속에서 유세하자 귀곡 선생은 눈물로 소매를 적셨으며, 장의 역시 그러했다. 소진은 조(趙)나라 재상이 되었고, 아울러 6국의 재상을 겸했다. 장의는 빈천해져서 소진에게 몸을 의탁했다. 소진은 그를 마루 아래에 앉히고 하인이 먹는 음식을 주면서 자주 분노를 격발시켰다. 그럼으로써 소진은 장의가 진(秦)나라의 재상이 되기를 원한 것이다.

장의는 소진에 대한 분노와 원망으로, 마침내 진나라에 들어갔다. 소진은 사람을 시켜 후하게 전송했다. 훗날 이러한 사실을 안 장의는 다음과 같이 말했다. '이러한 술수가 있는지 나는 알아차리지 못했다. 내가 소진에게 미치지 못하는 점이 바로 이러한 부분이다.'

소진은 지혜가 깊고 술수를 체득해 임기응변의 조치가 칼끝처럼 예리한 까닭에 신분은 존귀해지고 일세의 영웅이 되었던 것이다. 그러나 오묘한 책략과 명철한 술수일지라도 현인과 영인의 품행은 동일할 수 없다."

假途滅虢 踐土會盟

가 도 멸 괵 천 토 회 맹

jiǎ tú miè guó jiàn tǔ huì méng

진나라는 우나라 길(途)을 빌려(假) 괵(虢)나라를 멸망(滅亡)시키고
천토(踐土) 지방에서 맹주(盟主)로 추대되는 회합(會合)을 가졌다네

假(거짓 가: 거짓. 임시. 빌리다), 途(길 도: 길), 滅(멸할 멸: 불이 꺼지다. 멸망하다), 虢(범 발톱 자국 괵: 나라 이름 괵)

踐(밟을 천: 짓밟다. 실천하다), 土(흙 토: 땅), 會(모일 회: 모으다. 만나다), 盟(맹세 맹: 맹세)

진나라는 우나라에게 길을 거짓으로 빌려 괵나라를 멸망시킨 후, 돌아오는 길에는 우나라까지 병탄했으며, 이후 진나라 문공은 전토 지방에서 노(魯), 제(齊), 송(宋), 채(蔡), 정(鄭)국이 자신을 받든다는 맹세를 받는 회합을 가졌다고 풀이할 수 있다.

춘추 시대 초기에 진나라 헌공(獻公)은 적극적으로 군세를 키우고 영토를 확장했다. 이에 남하하여 괵국을 합병하고자 했는데, 반드시 우나라를 거쳐야만 공격이 가능했다. 대부 순식(荀息)은 미옥과 준마와 미인 등을 우왕에게 선물로 바치면서, 괵을 공격할 길을 열어달라고 부탁했다. 재물과 순식의 교언영색에 미혹된 우왕은 대신들의 완강한 반대를 물리치고 길을 비켜주었을 뿐만 아니라 오히려 괵의 공격에 선봉을 자처했다. 문공은 헌공의 아들로 강성한 진나라를 만드는 데 더욱 힘을 기울였다.

이후 다시 한번 더 진나라의 요청을 들어주자, 기회를 맞은 진나라는 괵을 멸망시키고, 우까지 병탄하면서, 우공을 포로로 삼았다. 대부 궁지기(宮之奇)가 어리석은 우공을 깨우치기 위해 입술이 망가지면 이가 시리다는 순망치한(脣亡齒寒)의 성어는 이러한 연유로부터 전해진다. 임진왜란 때, 조선을 치기 위한 구실로 명나라를 치러 갈 길을 비켜 달라는 정명가도(征明假道) 역시 비슷한 말이다.

제147·148구 <ruby>何<rt>하</rt></ruby><ruby>遵<rt>준</rt></ruby><ruby>約<rt>약</rt></ruby><ruby>法<rt>법</rt></ruby> <ruby>韓<rt>한</rt></ruby><ruby>弊<rt>폐</rt></ruby><ruby>煩<rt>번</rt></ruby><ruby>刑<rt>형</rt></ruby>

hé zūn yuē fǎ hán bì fán xíng

소하(蕭何)는 간략(簡約)한 형법(刑法)을 준수(遵守)하게 했고
한비(韓非)는 번잡(煩雜)한 형법(刑法)을 거폐(去弊)하려 했네

何(어찌 하: 언제. 얼마. 무엇), 遵(좇을 준: 따르다), 約(맺을 약: 약속하다), 法(법 법: 법)
韓(한국 한: 나라 이름), 弊(폐단 폐: 해지다. 끊다), 煩(번거로울 번: 번잡하다), 刑
(형벌 형: 형법)

한나라 명신 소하는 약법삼장을 제정하여 따르도록 했고, 한비는 번잡한 형법을 끊으려 했다고 풀이할 수 있다. 제143구부터 제152구까지는 역사적인 인물의 업적을 나타내었다. 한비는 진나라에서 이사의 모함을 받아 죽임을 당하기는 했으나, 이 구에서의 뜻은 형법의 올바른 시행에 힘썼다는 뜻으로 보아야 한다

기원전 207년, 유방은 군사를 이끌고 함양 성으로 진격하여, 겨우 46일간 왕좌에 올랐던 진왕 자영의 항복을 받았다. 궁 안으로 들어간 유방은 온갖 보물과 미녀들에게 마음을 빼앗겼으나, 심복인 번쾌와 장량의 충고로 겨우 마음을 가라앉힐 수 있었다. 유방은 그들의 권고를 받아들여, 군사들로 하여금 일체의 약탈행위를 금지시키고, 성 밖의 백성들을 불러 모아 다음과 같이 선포했다.
"진나라 형법은 가혹하여 백성들에게 많은 고통을 초래했으니, 지금부터 모두 폐지한다. 대신 약법삼장을 발표하니, 누구든지 예외 없이 지키

기 바란다. 사람을 죽인 자는 사형에 처한다. 타인을 해친 자는 그에 상응한 죄를 받는다. 도둑질을 한 자는 그 죄를 물어 판결한다."

약법삼장은 소하의 건의에 따른 것으로, 민심의 회복에 큰 역할을 했다. 《사기·고조본기》에 근거한다. 소하는 한나라 개국공신이며, 《한율구장(漢律九章)》을 제정했다.

한비는 원래 한(韓)나라 귀족이었으며, 이사(李斯)와 더불어 순자를 사사했다. 이사는 언제나 한비에 대한 열등감을 가지고 있었다. 한비는 점점 쇠약해져 가는 한나라의 회복에 관해 치국의 도리를 수차례 간언했으나, 한왕은 이를 듣지 않았다. 치국에 관한 그의 저서가 진나라에까지 전해지자 진시황은 곧바로 한비를 만나고 싶어 했다. 한비를 만난 진시황은 그를 중용하고 싶었으나, 이사와 요가(姚賈) 등은 질투와 미래에 대한 불안을 느껴 진왕에게 한비를 모함했다.

"한비는 본래 한나라 귀족의 후예로, 현재 대왕께서 육국을 병탄하고자 하는 데 걸림돌이 될 것입니다. 또한 그를 중용하지 않고 돌려보내면, 장차 화근이 될 것이니, 죽이는 편이 나을 것입니다."

진시황은 이들의 건의에 일리가 있다고 여겨 한비를 옥에 가두었다. 이사는 이 기회를 틈타 한비에게 독약을 내밀었으며, 진시황을 만나 자신의 진심을 전하려는 의도가 무산된 한비는 독약을 마시고 자살했다. 뒤늦게 자신의 잘못을 깨달은 진시황이 즉시 사람을 보내어 그를 사면하려 했으나, 이미 죽은 뒤였다. 그러나 한폐번형을 풀이할 때, 자칫 이러한 상황을 염두에 두어, 한비는 번잡한 형법으로 유세하다 죽임을 당했다는 풀이는 잘못이다. 두 구는 나라를 부강시키는 데는 명신들이 필요하다는 점을 강태공과 이윤의 뒤를 이어 강조하는 예로 구성되었다.

제149·150구 起翦頗牧 用軍最精

qǐ jiǎn pō mù yòng jūn zuì jīng

백기(白起)와 왕전(王翦)과 염파(廉頗)와 이목(李牧) 장군은

군사(軍事)를 사용(使用)하는 데 최상(最上)으로 정통(精通)했다네

起(일어날 기: 시작하다), 翦(자를 전: 끊다), 頗(자못 파: 꽤), 牧(칠 목: 가축을 기르다)

用(쓸 용: 부리다), 軍(군사 군: 군사), 最(가장 최: 제일), 精(정할 정: 뛰어나다. 정통하다)

나라의 발전에는 충신들의 책략과 장군들의 무공이 뒤따라야 한다는 점을 강조한 구다. 앞부분에서 여상과 이윤, 소하와 한비의 예로써 구성했으며, 이어 장군의 사례를 들었다. 백기와 왕전과 조(趙)나라 염파와 이목 장군은 전국 시대 4대 명장으로 불린다. 백기(?~257)와 왕전(기원전 269~기원전 208)은 진나라 명장으로 육국을 병탄하여 진나라의 통일에 큰 공을 세웠다. 염파(기원전 327~기원전 243)와 이목(?~기원전 229)은 둘 다 조나라의 명장이다.

제151·152구 宣威沙漠 馳譽丹青

선양(宣揚)한 위세(威勢)는 사막(沙漠)까지 진동했고

구치(驅馳)한 명예(名譽)는 단청(丹青)처럼 뚜렷하네

宣(베풀 선: 떨치다. 발양하다), 威(위엄 위: 권위. 위세), 沙(모래 사: 사막), 漠(넓을 막: 광막하다. 사막)

馳(달릴 치: 질주하다), 譽(기릴 예: 찬양하다. 명예), 丹(붉을 단: 단사), 靑[푸를 청: 푸르다. 청확(靑雘)]

백기, 왕전, 염파, 이목 장군은 위세를 선양하여 사막 지역까지 진동시켰으니, 치달린 명예는 단사와 청확으로 그린 그림처럼 뚜렷하다고 풀이할 수 있다. 단청은 고급 물감의 대명사로 단사(丹砂)와 청확(靑雘)의 준말이다. 회화 예술의 대칭으로도 쓰인다. 고대에는 화가를 단청수(丹靑手)라고도 불렀으며, 뛰어난 화가는 단청묘수라고 불렀다. 민간에서의 화공은 단청사부로 높여 부르기도 했다. 단청의 색깔은 쉽게 퇴색되지 않으므로, 굳은 정조나 절조를 상징하는 말로도 쓰인다.

제153·154구 九州禹蹟 百郡秦併

jiǔ zhōu yǔ jì bǎi jùn qín bìng

구주(九州)에는 여전히 우(禹)의 치수 행적(行蹟)이 남아 있고
한나라 백여 군(百郡)은 진(秦)나라의 행정 구역을 아우른(併) 결과라네

九(아홉 구: 아홉), 州(고을 주: 나라), 禹(성씨 우: 우임금), 迹(자취 적: 흔적. 공적)
百(일백 백: 일백), 郡(고을 군: 군), 秦(성씨 진: 진나라), 併(아우를 병: 아우르다)

　구주로도 불리는 중국의 곳곳에는 우임금의 치수 행적이 곳곳에 남아 있고, 한나라의 백여 군은 진나라의 34군의 바탕 위에 정해졌다고 풀이할 수 있다. 구주는 기주(冀州), 연주(兗州), 청주(青州), 서주(徐州), 양주(揚州), 형주(荆州), 예주(豫州), 양주(梁州), 옹주(雍州)이다. 《상서·우공(禹贡)》에 근거한다. 구주는 중국의 대칭으로 쓰인다. 백군진병은 자의만으로는 그 뜻을 알기 어렵다. 진시황은 육국을 멸망시키고 중국을 통일한 이후, 행정 구역을 36군으로 나누었다. 한나라는 이 36군의 행정 구역을 기본으로 삼아서 103군으로 나누었다. 앞부분의 호봉팔현(户封八縣)과 더불어 한나라 군현제의 상황을 나타내었다. 두 구 역시 양무제에게 천하통일의 의지를 갖추라는 독려의 뜻을 품고 있다.

오악(五嶽)의 종주(宗主)는 태대(泰岱)산으로 봉제를 거행했고
산천신제인 선(禪)제의 위주(爲主)는 운정(云亭)산이네

嶽(큰 산 악: 큰 산), 宗(마루 종: 일의 근원. 근본. 으뜸), 泰(클 태: 크다. 산 이름),
岱[대산 대: 대산(岱山)]
禪[선 선: 선. 봉선(封禪: 산천에 제사 지내던 일)], 主(임금 주: 임금. 소유주. 주
체. 주요한), 云(이를 운: 일컫다), 亭(정자 정: 정자)

오악 중의 으뜸은 태산의 원래 이름인 태대산으로 봉제를 거행했으며,
산천의 신에게 제사를 지내는 선의 주요 장소는 운정산이라고 풀이할 수
있다. 오악은 중국 오대 명산의 총칭으로, 태산(泰山), 화산(華山), 형산
(衡山), 항산(恒山), 숭산(嵩山)을 가리킨다. 태산은 대종(岱宗)이라고도
불리므로 태대는 태산을 달리 이르는 명칭이다. 악종항대(嶽宗恒岱)로도
쓰지만, 두 구는 태평성대의 치적을 알리는 봉제와 선제의 장소를 나타낼
뿐만 아니라 종(宗)은 둘이 될 수 없으므로 판본과는 관계없이 태대로 써
야 옳다. 악종항대로 써서 오악의 종주는 항산과 대산이라고 풀이하면
선주운정과는 서로 상관이 없는 구성이 된다.

천자는 천하를 통일하거나 태평성대를 이루면, 그 성공을 천지의 신에
게 알리고 신들의 은혜에 감사하며 또한 국가의 영원한 지속을 빌었다.
봉선은 제사의 이름으로, 태산 위에 제단을 마련하여 하늘에 제사 지내

는 것을 봉(封)이라 하고, 태산 아래에 있는 양보산(梁父山)에서 흙을 평평하게 고른 다음에 땅의 신에게 제사 지내는 것을 선(禪)이라고 했다. '父'는 보(甫)와 같다. 그러한 의식의 내용에 대해서는 경서에 자세하게 밝혀진 바가 없기 때문에, 제왕들은 각각 적당한 이유를 내세워 제사를 집행함으로써 때로는 역성혁명에 따른 왕권의 정당성을 옹호하는 구실로 삼기도 했다. 운정산은 운운산과 정정산의 합칭으로 양보산의 동쪽에 위치하며, 선제의 장소였다. 《사기·봉선서》에 근거한다.

안문관(雁門關)은 천하제일이며, 장성은 자색 요새(紫塞)로도 불리며
계전(鷄田)은 가장 편벽한 역참이며, 적성(赤城)은 노을처럼 보인다네

雁(기러기 안: 기러기), 門(문 문: 문), 紫(자줏빛 자: 자줏빛), 塞(변방 새, 막힐 색:
요새)
鷄(닭 계: 닭), 田(밭 전: 밭), 赤(붉을 적: 붉다), 城(재 성: 재. 도시)

안문관은 천하제일관문이며, 만리장성은 군마가 일으키는 붉은 먼지가
햇빛에 반사되어 몽환의 분위기를 자아내었으므로 자색 요새로도 불리
며, 역참은 가장 편벽한 서북 지역의 계전에도 설치되었고, 붉은 흙으로
쌓은 적성산의 적성은 붉게 물든 노을처럼 보인다고 풀이할 수 있다. 계전
적성 구가 없다면 안문자새는 안문관은 자색 요새로도 불린다고 풀이해
도 되지만, 계전과 적성은 서로 다른 지방이므로 안문과 자새 또한 위와
같이 풀이해야 한다. 두 구는 지명으로 대장했으면서도 동물과 색깔을
연관시킨 절묘한 대장이다. 변려문의 대장 특징이 잘 나타나 있다.

雁(동물)/門(인공)/紫(색깔)/塞(인공)
鷄(동물)/田(자연)/赤(색깔)/城(인공)

안문관은 산서성에 위치한 만리장성의 요처로 천하제일관문이라 불린
다. 《여씨춘추(呂氏春秋)》에서는 "천하에 아홉 요새가 있는데, 안문관이

제일이다(天下九塞, 雁門爲首)."라고 기록했다. 고래로 수많은 이야기와 시가 전한다.

당대 이하(李賀 790~817)의 〈안문태수행(雁門太守行)〉은 전쟁의 상황과 화자의 비장미를 잘 표현한 작품으로 회자된다.

黑雲壓城城欲摧 검은 구름 성을 눌러 성 무너지려 하자
흑 운 압 성 성 욕 최

甲光向日金鱗開 해를 향한 아군의 갑옷 광채에 금 비늘이 이네.
갑 광 향 일 금 린 개

角聲満天秋色里 고각소리 하늘 가득한 가을풍경 속에
각 성 만 천 추 색 리

塞上燕脂凝夜紫 요새의 먼지는 밤 전투에 자색 피와 엉기었네.
새 상 연 지 응 야 자

半卷紅旗臨易水 가을바람에 반쯤 접힌 홍기는 역수로 달려가고
반 권 홍 기 임 역 수

霜重鼓寒聲不起 서리 맞은 북은 차가워져 소리조차 일지 않네.
상 중 고 한 성 불 기

報君黃金臺上意 주군위해 황금대 위에 모인 충절의 뜻
보 군 황 금 대 상 의

提携玉龍爲君死 옥룡검을 가지고 주군 위해 죽으리라!
제 휴 옥 룡 위 군 사

계전은 고대에 가장 편벽된 곳에 위치한 서북지의 역참이다. 중국의 통치 범위를 나타내었다. 적성은 적성산에 위치한 성으로, 흙 색깔이 붉어 햇빛이 비치면 저녁노을이 감도는 것처럼 보이기 때문에 붙은 이름이다.

곤 지 갈 석 거 야 동 정
昆池碣石 鉅野洞庭
kūn chí jié shí jù yě dòng tíng

연못이라면 곤명전지(昆明滇池)를 보고, 바다를 보려면 갈석(碣石)산 위에 서야 하며

늪이라면 산동(山東) 거야(巨野)를 보고, 호수라면 동정호(洞庭湖)를 보면 된다네

昆[맏 곤: 형. 후예. 산 이름(崑)], 池(못 지: 연못), 碣(비석 갈: 우뚝 솟은 돌. 문체 이름), 石(돌 석: 돌)

鉅(클 거: 높다), 野(들 야: 들판), 洞(골 동: 동네. 동굴), 庭(뜰 정: 마당. 조정)

곤지는 바로 운남(雲南) 곤명의 전지(滇池)로 중국의 6대 담수호에 속한다. 곤명호, 곤명지, 전남택(滇南澤)으로도 불리며, 호수 표면은 해발 1,800미터 이상에 위치한다. 갈석은 하북의 갈석산을 말한다. 예로부터 바다를 한눈에 조망할 수 있는 명승지로 알려져 있다. 조조가 유목 민족인 오환(烏桓) 지방을 정벌하고 돌아가는 길에 갈석산에 올라 읊은 〈관창해(觀滄海)〉는 회자된다.

東臨碣石 동쪽으로 회군하다 갈석산에 올라
동 림 갈 석
以觀滄海 이로써 창해를 바라보네.
이 관 창 해
水何澹澹 수면은 그 얼마나 넘실거리는가!
수 하 담 담
山島竦峙 산과 같은 섬은 우뚝 솟았네.
산 도 송 치
樹木叢生 수목은 무리 이루어 자랐고
수 목 총 생

百草豊茂 온갖 풀은 무성하게 우거졌네.
백 초 풍 무

秋風蕭瑟 가을바람 소슬하고
추 풍 소 슬

洪波涌起 큰 파도는 용솟음치니
홍 파 용 기

日月之行 일월의 운행이
일 월 지 행

若出其中 마치 그 속에 있는 것 같고
약 출 기 중

星漢燦爛 찬란한 은하수도
성 한 찬 란

若出其里 마치 그 속에서 나온 것 같네.
약 출 기 리

幸甚至哉 경사스럽게도 이곳에 이르렀으니
행 심 지 재

歌以咏志 노래로써 나의 뜻을 읊네.
가 이 영 지

거야는 고대에 있었던 산동 거야현의 큰 늪을 가리킨다. 고대에는 곳곳에 큰 연못이 존재했으나, 지금은 대부분 고갈되어 거야택은 역사 속의 전고로만 쓰인다. 동정은 중국 2대 담수호인 동정호수를 가리킨다. 수많은 문학 작품에서 동정호는 대부분 악양루와 병칭된다. 악양루는 호남성 악양 고성에 위치한 누각으로 동정호를 조망할 수 있다.

북송 시대의 명신이자 문학가인 범중엄(范仲淹 989~1052)은 〈악양루기(岳陽樓記)〉에서 동정호를 다음과 같이 묘사했다.

"내가 살펴보니, 악양 지방의 수려한 풍경은 모두 동정호수에 있다. 저 먼 산을 머금고, 장강을 삼킨 듯, 호호탕탕하며, 아무리 가로질러도 끝없이 넓어 벼랑이 없다. 아침에는 빛나다가 저녁때는 흐려져, 기상은 수없이 변화한다. 이것이 바로 악양루에서 바라본 웅대한 경관으로, 전인의 서술도 이와 같다."

명대 관원 위윤정(魏允貞 1542~1606)의 〈악양루(岳陽樓)〉는 악양루 대문 기둥의 영련(楹聯)으로 회자된다.

洞庭天下水 동정호는 천하의 호수
동 정 천 하 수

岳陽天下樓 악양루는 천하의 누각
악 양 천 하 루

誰爲天下士 누가 천하의 선비를 위하는가!
수 위 천 하 사

飮酒樓上頭 음주 장소는 누각의 제일 위라네.
음 주 루 상 두

광 원 면 막   암 수 묘 명
曠遠綿邈 巖岫杳冥
kuàng yuǎn mián miǎo　yán xiù yǎo míng

광야(曠野)와 원경(遠景)의 면면(綿綿)하고도 막연(邈然)한 모습이여!
기암(奇巖)과 원수(遠岫)의 묘연(杳然)하고도 명명(冥冥)한 모습이여!

曠(빌 광: 멀다. 넓다. 탁 트이다), 遠(멀 원: 심오하다), 綿(솜 면, 이어질 면: 솜. 이어지다), 邈(멀 막: 아득하다)
巖(바위 암: 벼랑), 岫(산굴 수: 암혈. 산봉우리), 杳(아득할 묘: 멀다), 冥(어두울 명: 날이 어둡다. 그윽하다)

광과 원은 광야(曠野)와 원경(遠景)의 줄임말로 보는 것이 타당하다. 그래야만 바위와 먼 산봉우리에 대장될 수 있기 때문이다. 최대한 대장을 구사하는 것이 변려문의 특징이다. 선체와 부분은 상용하는 대장이다. 분석은 다음과 같다.

曠(명사, 전체)/遠(명사, 전체)/綿(형용동사)/邈(형용동사)
巖(명사, 부분)/岫(명사, 부분)/杳(형용동사)/冥(형용동사)

제129구부터 총결하여 상주문 형식으로 나타내면 다음과 같다.

世祿侈富 장군과 재상은 세대에 걸친 작록덕분에 부귀를 향유했으니
車駕肥輕 수레 탄 사람들은 모두 살지고 화려한 옷을 입었습니다.
策功茂實 그들의 부귀는 무성한 잎과 열매 같은 책략과 무공의 결과이니

勒碑刻銘 그들의 공은 비석과 금속과 백성들의 마음에 새겨졌습니다.

磻溪伊尹 먼저 반계와 이윤의 사례를 들 수 있으니

佐時阿衡 군주의 어려운 때를 보좌한 언덕과 저울 같은 존재였습니다.

奄宅曲阜 주나라 성왕은 순식간에 곡부에 정착할 수 있었으니

微旦孰營 미세한 곳까지 신경 쓴 주공단의 공로에 의지했기 때문입니다.

桓公匡合 제나라 환공이 제후들을 광정하고 규합하며

濟弱扶傾 약소국을 구제하고 부조할 수 있었던 힘은 어디서 나왔겠습니까!

綺回漢惠 상산사호의 처신은 한혜제의 폐위를 되돌렸고

說感武丁 부열은 무정군주를 도와 상나라를 부흥시켰습니다.

俊乂密勿 이처럼 현사와 준걸들이 빈틈없이 분주했으니

多士寔寧 이러한 재상과 장군들의 노력으로 나라는 평안한 법입니다.

晉楚更霸 진나라와 초나라가 패권을 바꾸어 쥘 수 있었던 힘과

趙魏困橫 조나라와 위나라가 연횡 정책에 결국 망했던 까닭이여!

假途滅虢 진나라는 우나라 길을 빌려 괵나라를 멸망시키고

踐土會盟 전토지방에서 맹주로 추대되는 회합을 가졌습니다.

何遵約法 소하는 간략한 형법을 준수하게 했고

韓弊煩刑 한비는 번잡한 형법을 고치려했습니다.

起翦頗牧 백기와 왕전과 염파와 이목 장군은

用軍最精 군사를 부리는데 최상으로 정통했습니다.

宣威沙漠 그들 모두가 선양한 위세는 사막 지역까지 진동했고

馳譽丹青 드날린 명예는 단청처럼 뚜렷합니다.

九州禹蹟 구주에는 여전히 우의 치수 행적이 남아 있고

百郡秦併 한나라 백여 군은 진나라의 행정 구역을 아울렀습니다.

嶽宗泰岱 성대를 하늘에 알리는 봉제는 태산에서 거행했고

禪主云亭 산천에도 알리는 선제는 운정산에서 거행했습니다.

雁門紫塞 천하제일 안문관과 자색 요새로 불리는 만리장성이여!

鷄田赤城 편벽한 지역까지 설치된 역참과 노을 같은 적성이여!

昆池碣石 곤명전지와 바다를 조망할 수 있는 갈석산이여!

鉅野洞庭 거야 늪과 동정호의 광활함이여!

曠遠綿邈 광야와 원경의 면면하고도 막연한 모습이여!

巖岫杳冥 기암과 저 먼 봉우리의 묘연하고도 은은한 모습이여!

제163·164구 治本於農 務茲稼穡
zhì běn yú nóng wù zī jià sè

근본(根本)을 다스리는(治) 일은 농업(農業)에 있으니(於)
제때(茲)에 힘을 쏟아(務) 곡물(穡)을 심어야(稼) 한다네

治(다스릴 치: 다스리다), 本(근본 본: 원천), 於(어조사 어: ~에서. 있다), 農(농사 농: 농사)

務(힘쓸 무: 힘쓰다. 권면하다. 업무), 茲(이 자: 이때. 금년), 稼(심을 가: 곡식을 심다) 곡식. 穡(거둘 색: 수확하다. 농사. 곡식)

나라의 안녕이 계속 이어지려면 치국의 근본은 농업을 우선해야 한다는 건의이다. 무자가색은 곡식 심고 거두는 일에 힘써야 한다는 것이 대의이지만, 이러한 풀이는 '茲'의 역할이 없다. 자는 명사로 파종의 적기라는 뜻이다. 당시의 백성들은 요역에 자주 동원되었으므로, 때에 맞추어 농사짓는 일은 더욱 절실했다.

두 구는 천자문뿐만 아니라 상주문의 상용어와 같다. 백성은 음식을 하늘로 여긴다(民以食爲天)와 농자천하지대본(農者天下之大本)은 너무나 당연한 말 같지만, 농사철에는 제발 요역에 동원하지 말고, 농사에만 힘쓰게 해달라는 백성들의 절실한 바람이 깃들어 있다. 천자문은 한 운자, 한 운자가 모두 나름의 뜻을 가지고 있으며 매우 신중하게 사용했다는 사실을 알 수 있다. 대장을 분석해 보면 명확해진다. 치본과 무자는 동사와 목적으로 구성되었지만 동시에 주어 역할이다.

治(동사)/本(목적어)/於(동사)/農(목적어)

務(동사)/茲(목적어)/稼(동사)/穡(목적어)

고을에서 농사를 장려하는 직책 또는 그 직책에 있는 사람을 색부(穡夫)라 한다. 색부와 같은 역할이 나타난 당대 맹호연의 〈전가원일(田家元日)〉은 회자된다.

昨夜斗回北 어젯밤 북두칠성 자루가 북쪽을 돌더니
작 야 두 회 북
今朝歲起東 오늘 아침에는 이미 봄이 왔다네.
금 조 세 기 동
我年已强仕 나는 금년에 사십을 넘었는데
아 년 이 강 사
無祿尙憂農 관직 없어도 여전히 농사를 걱정하네.
무 록 상 우 농
桑野就耕父 농부는 뽕밭으로 나아가며
상 야 취 경 부
荷鋤隨牧童 호미 메고 목동을 따르게 하네.
하 서 수 목 동
田家占氣候 농부들이 기후를 점쳐보더니
전 가 점 기 후
共說此年豊 모두 다 금년에는 풍년일 것이라고 밀하네.
공 설 차 년 풍

숙 재 남 무 아 예 서 직

남쪽(南) 이랑(畝)을 갈고(俶) 일구며(載)

집착하여(我) 기장(黍)과 피(稷)를 심어야(藝) 한다네

俶(비로소 숙: 정돈하다. 갈다), 載(실을 재, 떠받들 대: 행하다. 일구다), 南(남녘
남: 남쪽), 畝(이랑 무: 이랑)

我(나 아: 아집을 부리다. 집착하다), 藝(재주 예, 심을 예: 기예. 심다), 黍(기장 서:
기장), 稷(피 직: 피)

기장과 피로 나누기는 했지만, 곡식의 통칭이며, 남무 역시 남쪽 이랑이
지만 경작지의 통칭으로 쓰였다. '我'는 나 또는 자신이 아니라 아집을 부
리다, 집착한다는 뜻도 있다. 즉, 집착할 정도로 열심히 농사지어야 한다
는 뜻이다. '我'는 《논어·자한(子罕)》 구의 변용이다. 공자는 네 가지 병
폐를 경계했다. 근거 없는 의심, 실현할 수 없는 일에 대한 기대, 고루함
과 집착이다(毋意, 毋必, 毋固, 毋我). 일반적으로 집착을 가지는 것은 좋
지 않은 일이지만, 주흥사는 이 구를 변용하여 농사에는 집착을 가져야
한다는 긍정으로 바꾸어 인용했다. 한자의 다양한 활용을 알 수 있는 예
로 삼을 수 있다. 두 구의 뜻은 《시경·초자(楚茨)》와 〈신남산(信南山)〉과
〈보전(甫田)〉과 〈대전(大田)〉에도 근거할 수 있다. 네 수는 연속해서 수록
되어 있으며, 모두 다 수확의 기쁨과 제사 지내는 모습을 묘사했다. 〈대
전〉의 해당 부분은 다음과 같다.

大田多稼 넓은 밭에 여러 가지 심기 위해
대전다가
旣種旣戒 씨앗을 준비하고 농구를 수리하네.
기종기계
旣備乃事 일할 준비 다 마친 후
기비내사
以我覃耜 먼저 나의 예리한 보습을 사용한다네.
이아염사
俶載南畝 남쪽 이랑을 갈아 일구어
숙재남무
播厥百穀 온갖 곡식을 파종한다네.
파궐백곡
············

曾孫來止 주왕이 친히 와서 시찰하니
증손내지
以其婦子 이에 농부의 아내와 자식들은
이기부자
饁彼南畝 저곳 남쪽 밭으로 점심을 내가고
엽피남무
田畯至喜 농사 감독 관리도 너무나 기뻐하네.
전준지희
來方禋祀 주왕은 사방 신을 모셔 제사를 지내는데
내방인사
以其騂黑 제물은 붉은 소와 흑돼지라네.
이기성흑
與其黍稷 여기에 날 기장과 피를 더해
여기서직
以享以祀 이러한 제물로써 제사 지내어
이향이사
以介景福 이로써 큰 복을 구하네.
이개경복

제167·168구 税熟貢新 勸賞黜陟

shuì shú gòng xīn　quàn shǎng chù zhì

풍숙(豐熟)을 납세(納稅)하면 공물(貢物)은 일신(一新)되니
백성의 수상(受賞)을 권장(勸獎)하고 관리의 출척(黜陟)을 정해야 한다네

税(세금 세: 세금), 熟(익을 숙: 여물다), 貢(바칠 공: 바치다), 新(새 신: 새로운. 다시)
勸(권할 권: 권장하다), 賞(상줄 상: 증여하다), 黜(내칠 출: 물리치다), 陟(오를 척: 승진하다)

봉건 시대의 농업은 국가 기반의 근본이었으므로 식량 생산은 국가의 운명을 좌우한다고 해도 과언이 아니었다. 권상(勸賞)과 출척(黜陟)의 제도 시행은 당연한 일이다. 권상은 풍년을 이룬 농민에 대한 상이며, 출척은 관리에 대한 상벌 제도의 시행을 뜻한다.

새로 수확한 곡식의 일정량을 나라에 바치는 일을 납세(納稅)라고 한다. 세(稅)는 벼를 뜻하는 화(禾)와 기쁘다는 뜻인 태(兌)의 조합이다. 그러나 이러한 뜻은 위정자의 입장에서 구성되었을 뿐, 백성들의 입장에서는 반드시 기뻐서가 아니라 세금을 내어 더 이상 관리의 시달림을 받지 않아도 된다는 안도의 뜻이 더 강했을 것이다.

납세 이외에 납부(納賦)라는 말도 쓰인다. 부(賦)는 조개 패(貝)와 무(武)의 결합으로 징수의 뜻이다. 상고 시대의 사람들은 주로 황화 유역에서 생활했으므로 패각은 희소하여 화폐로도 통용되었다. 오늘날에 세금이나 공과금 등을 낼 때는 납부(納付) 또는 납부(納附)로 쓴다. '貢'은 제사에 바치는 공물을 가리킨다. 추수가 끝나면 새 곡식을 올리는 제천 의

식은 봉건 시대 국가의 주요 의식인 동시에 제사를 지내는 일 자체가 국가의 존속임을 의미한다.

제163구부터 총결하여 상주문으로 나타내면 다음과 같다.

治本於農 치국의 근본은 농업에 있으니
務玆稼穡 때를 놓치지 않고 심고 가꾸도록 장려해야 합니다.
俶載南畝 백성들로 하여금 남쪽 이랑을 갈고 일구며
我藝黍稷 집착하여 곡식을 생산하도록 장려해야 합니다.
稅熟貢新 풍년이 들어야 새 곡식으로 제사를 올릴 수 있으니
勸賞黜陟 농민은 상 받고 관리는 승진할 수 있도록 독려해야 할 것입니다.

제169·170구 孟軻敦素 史魚秉直

맹가(孟軻)는 소행(素行)에 돈후(敦厚)했고
사어(史魚)는 강직(剛直)함을 지켰다네(秉)

孟(맏 맹: 첫. 맹자의 약칭), 軻(수레 가: 수레. 맹자의 이름), 敦(도타울 돈: 도탑
다), 素(본디 소: 바탕. 소행. 희다. 질박하다)
史(사기 사: 역사), 魚(물고기 어: 물고기), 秉(잡을 병: 쥐다. 따르다), 直(곧을 직:
굳세다. 강직)

두 구는 충간하는 신하의 말을 잘 새겨들어야 하는 까닭을 상주한 발
단 구로 제178구 총증항극(寵增抗極)까지 관련된다. 대체로 창업에는 온
힘을 쏟지만, 나라가 어느 정도 안정되면 제왕 역시 초심이 흐트러지기
마련이다. 국가의 존속이 계속되려면 충신의 말을 언제나 새겨들어야 한
다는 상주문의 상용어로 쓰인다. 독립된 구로만 본다면 아성으로 불리는
맹가의 백성 사랑은 돈후하고도 소박했고, 위나라 대부 사어는 강직을
굳게 지키며 간언하기로 유명했다고도 풀이할 수 있다.

맹자(기원전 372~기원전 289)의 이름은 가(軻), 자는 자여(子輿)이다. 전
국 시대 중기의 추(鄒)나라 사람으로, 공자와 더불어 유가를 대표하는 인
물이다.
사어는 춘추 시대 위(衛)나라 대부로 사직신의 제사를 관장했기 때문에
축타(祝佗)라고도 부른다. 생졸 연대는 알 수 없으나 공자와 동시대의 사

람으로 알려져 있다. 《대대예기(大戴禮記)·보부(保傅)》에서는 다음과 같이 전한다.

(보부는 천자나 제후의 자녀를 지도하는 관원이다). "당시 위나라에는 정직함과 재덕을 갖춘 거백옥이라는 현인이 있었으나, 위령공은 그를 중용하지 않고 미소년인 미자하를 총애했다." 미자하를 얼마나 총애했는지를 알 수 있는 것은 다음과 같은 이야기로 미루어 짐작할 수 있다.

한 번은 성 바깥에 사는 미자하의 모친이 병이 들었다는 소식을 듣자, 미자하는 밤중에 영공의 수레를 몰래 타고 모친에게 달려갔다. 군주의 수레를 몰고 나가는 것은 발을 잘려야만 하는 중죄였다. 그런데도 그 소식을 들은 영공은 죄를 무릅쓴 효자로 칭찬했다.

어느 날, 과수원에서 둘이 산책을 하는 중이었다. 당시에는 복숭아가 한창 무르익어 향내가 진동할 때였다. 영공을 모시던 미자하는 잘 익은 복숭아를 따서 닦지도 않은 채, 게걸스럽게 먹기 시작했다. 한참을 먹다가 그때서야 영공을 의식한 미자하는 먹다 남은 복숭아를 영공에게 건넸다. 불경죄도 이 이상의 불경죄가 없을 정도였다. 그런데도 영공은 조금도 개의치 않고 건네받은 복숭아를 먹으면서 다정하게 말했다. "그대는 이렇게 맛있는 복숭아를 다 먹지 않고 나에게 건네다니, 나를 정말로 사랑하는구나!"

《한비자·세난》에 나오는 이야기다. 유향의 《신서》에는 사어의 충간을 다음과 같이 기록하고 있다.

위나라 거백옥은 현인이었으나, 영공은 중용하지 않았으며, 미자하는 불초했으나 오히려 그를 대부로 임명했다. 사어는 여러 번 충간했으나 영공은 들어주지 않았다. 사어가 병이 들어 임종을 목전에 두자, 그의 아들을 불러서 다음과 같이 유언했다.

"내가 조정에 있을 때, 현인 거백옥을 중용하고, 미자하를 물리치라고 충간했으나 뜻을 이루지 못했다. 이것은 신하로서 군주를 바로잡지 못한

죄가 크다. 생전에 군주의 잘못을 바로잡지 못했으니, 죽어서도 예를 갖추어 장례를 치를 필요가 없다. 내가 죽으면, 장례를 치르지 말고 시체를 창문 아래 두면, 이것으로 장례를 치르는 셈이다."

사어의 자식은 부친의 유언대로 시체를 창 아래에 두었다. 영공이 상문을 와서 자초지종을 추궁하자, 사어의 아들은 그간의 일을 영공에게 아뢰었다. 이야기를 들은 영공은 놀라 얼굴색을 바꾸면서 말했다. "이것은 모두 과인의 잘못이다."

나중에 이 이야기를 들은 공자가 말했다. "옛날부터 군주에게 충간한 사람은 여럿이지만, 죽으면 그것으로 끝이었다. 사어는 죽어서도 자신의 시체를 이용하여 군주에게 지성으로 충간함으로써 군주를 감화시키다니, 그야말로 강직한 사람이 아니겠는가!"

사어병직(史魚秉直)은 공자의 불가위직(不可謂直)이란 말에 근거한다. 그런데 사어를 칭찬하는 말로 구성되기는 했지만, 미자하를 쫓아낸 사연은 약간 과장된 측면이 있다. 〈세난〉에서 미자하가 쫓겨난 사연은 다음과 같이 끝맺는다.

미자하는 나이가 들어 얼굴이 노쇠해졌지만, 영공이 계속 자신을 총애할 것이라는 기대를 저버리지 않고, 여전히 영공의 안전에서 거리낌 없이 행동했다. 그러나 애정이 식은 영공은 지난날 미자하의 행동에 대한 죄를 다음과 같이 물어 추방했다. "이놈은 지난날 군주의 명령이라 속이고, 제 마음대로 나의 수레를 이용했다. 복숭아밭에서는 군주의 위엄은 아랑곳하지 않고 먹다 남은 복숭아를 나로 하여금 먹게 했다. 여전히 구습을 버리지 못하고, 나에게 무례한 짓을 일삼다니!"

미자하가 쫓겨난 것은 반드시 사어의 시간(尸諫) 때문만은 아니겠지만, 자세한 사정의 여부와는 관계없이, 두 구에서는 그 충정을 나타내려 한 것이다.

제171·172구 **庶幾中庸 勞謙謹勅**

shù jǐ zhōng yōng láo qiān jǐn chì

올바른(中) 등용(登庸) 바라고(庶) 바랐으니(幾)
삼가(謹) 받든 칙령(勅令)대로 힘쓰며(勞) 겸손(謙遜)했네

庶(여러 서: 바라건대), 幾(몇 기: 거의. 바라건대), 中(가운데 중: 안. 심중. 바르
다), 庸(떳떳할 용: 떳떳하다. 법도)
勞(일할 로: 힘들이다), 謙(겸손할 겸: 사양하다), 謹(삼갈 근: 삼가다), 勅(칙서 칙:
조서. 삼가다)

중용에 가까우려면, 부지런히 일하고 겸손하며 근신하며 근신해야 한다
고 일반적으로 풀이된다. 물론 두 구만 생각한다면 이러한 풀이도 가능
하지만, 좀 더 깊이 살펴보면 두 구는 맹자와 사어의 행실에 바탕을 두어
두 사람 자신 또는 두 사람이 등용을 권한 충신의 충성 결과로 보아야
한다. 천자문은 상주문의 역할을 겸하고 있으며, 단순히 두 구의 구성에
만 목적이 있는 것이 아니다. 연결 짓지 않은 풀이와 비교해 보면 그 뜻은
명백해진다. 먼저 독립적인 구로 보아 절구로 나타내면 다음과 같다.

孟軻敦素 맹자는 바탕에 도타웠고
史魚秉直 사어는 강직함을 견지했네.
庶幾中庸 중용에 가까우려면
勞謙謹勅 부지런히 일하고 겸손하며 삼가고 삼가야 한다네.

두 구만으로는 올바른 풀이일 수 있지만, 이처럼 제1/2구와 제3/4구는 서로 연관성이 부족하다. 독립된 두 구의 구성은 제아무리 구 자체로 빼어날지라도 문장 전체로 보면 가치는 현저히 떨어질 수밖에 없다. 서로를 연관 지어 나타내면 다음과 같다.

孟軻敦素 맹자는 바탕에 도타웠고
史魚秉直 사어는 강직함을 견지했네.
庶幾中庸 충신의 등용을 바라고 바랐으니
勞謙謹勅 삼가 받든 칙령대로 힘쓰고 겸손할 것이네.

《양서》에 따르면, 주흥사는 속문(屬文)에 능했다고 기록되어 있다. 속문은 문장을 잘 짓는다는 뜻도 있지만, 여러 서적에서 취사한 말을 잘 연결한다는 뜻도 있다. 속된 말로 하자면 문장의 짜깁기에 능했다고 할 수 있다. 중용의 본래 의미를 맹자와 사어의 등용과 결과에 응용한 구로 보아야 한다.

제173·174구 聆音察理 鑑貌辨色

líng yīn chá lǐ jiàn mào biàn sè

제왕은 정음(正音)을 깨닫고(聆) 도리(道理)를 관찰(觀察)하며

제왕은 용모(容貌)를 경계하고(鑑) 정색(正色)을 구분해야 하네

聆(들을 령: 깨닫다), 音(소리 음: 소리), 察(살필 찰: 살피다), 理(다스릴 리: 이치)

鑑(거울 감: 살피다. 경계하다), 貌(모양 모: 얼굴), 辨(분별할 변: 분별하다), 色(빛

색: 빛. 색정)

두 구를 독립적으로 생각하면 소리를 듣고 이치를 깨달으며, 모양을 보
고 기색을 분별하다로도 풀이할 수 있지만, 맹자와 사어의 행동과 연결되
어야 그 뜻이 분명해진다. 소리와 모습, 도리와 기색은 상용하는 대장이
며, 두 구 역시 정교하게 대장되었다.

聆(동사)/音(목적어)/察(동사)/理(목적어)
鑑(동사)/貌(목적어)/辨(동사)/色(목적어)

이 궐 가 유 면 기 지 식

貽厥嘉猷 勉其祗植
yí jué jiā yóu miǎn qí zhī zhí

제왕(厥)에게 끼친(貽) 영향은 가상(嘉尙)하고 분유(芬猷)하니

제왕에게(其) 권면(勸勉)한 말은 공경(祗)으로 부식(扶植)해야 한다네

貽(끼칠 이: 남기다), 厥(그 궐: 그것), 嘉(아름다울 가: 기리다), 猷(꾀 유: 법칙. 꾀하다)

勉(힘쓸 면: 권면하다), 其(그 기: 그것), 祗(다만 지, 공경할 지: 오직. 공경하다), 植(심을 식: 수립하다)

두 구 역시 맹가와 사어의 충간을 설명했다. 분유는 훌륭한 계책을 뜻한다. 궐과 기는 지시대명사로 이 구에서는 제왕을 뜻한다. 두 구의 일반적인 풀이에 알맞은 교훈으로는 치국의 도리를 자식에게 전한 〈주공계자(周公誡子)〉를 들 수 있다.

주나라 성왕은 주공의 자식인 백금을 노나라 군주로 봉했다. 주공은 다음과 같이 자식에게 훈계했다.

"부임한 이후, 네가 노나라를 받았다고 해서 교만한 사람이 되어서는 안 된다. 나는 문왕의 아들이며, 무왕의 동생이자, 성왕의 숙부다. 또한, 나는 왕을 보좌하는 중임을 맡고 있으며, 천하에서 나의 지위는 가볍지 않다. 그러나 머리를 감다가도 흐트러진 머리를 쥔 채로 현사를 맞이한 적이 한두 번이 아니며, 밥을 먹다가도 그대로 멈추고 빈객을 맞이한 일 또한 마찬가지였다. 태만하여 천하의 인재를 잃을까 두려웠기 때문이다(然

一沐三握髮, 一飯三吐哺, 猶恐失天下之士).

　품행이 고상하고 항상 공경의 마음을 품고 있는 사람은 반드시 영광을 누릴 수 있다. 봉지가 광활하고, 산물이 풍부할지라도, 변함없이 근검의 생활을 해야만 반드시 안정된 생활을 누릴 수 있다. 관직이 높고 세력이 클지라도 겸손하고 자신을 낮추는 사람이야말로 진정으로 고귀한 사람이다.

　인구가 많고 군대가 강할지라도 항상 경외의 마음을 품고, 외환을 방비해야만 반드시 승리할 수 있는 법이다. 총명하면서도 지혜를 갖추었더라도 자신은 어리석다고 여기는 사람이야말로 깊은 사고를 할 수 있는 법이다. 견문이 넓고 풍부한 지식을 갖추었을지라도 언제나 자신의 견식은 낮다고 생각해야 지혜로운 사람이다. 이와같은 마음가짐과 행동은 모두 겸허와 근신의 미덕으로, 사해(四海)를 소유하는 일은 이러한 미덕에서 비롯되는 것이다. 겸허와 근신의 미덕을 잃고, 자신을 망친 자가 바로 걸(桀)과 주(紂)다. 어찌 근신하지 않겠는가!"《한시외전(韓詩外傳)》에 전한다.

省躬譏誡 寵增抗極
성 궁 기 계 총 증 항 극
xǐng gōng jī jiè chǒng zēng kàng jí

궁행(躬行)을 반성(反省)하면서 기척(譏斥)과 훈계(訓戒)를 받아들이며 훈계의 증가(增加)를 총애(寵愛)하면 오만의 극치(極致)에 저항(抵抗)할 수 있다네

省(살필 성: 살피다. 깨닫다), 躬(몸 궁: 몸. 신체), 譏(비웃을 기: 나무라다. 간하다), 誡(경계할 계: 고하다. 훈계하다)
寵(사랑할 총: 총애하다), 增(더할 증: 많아지다), 抗(겨룰 항: 대항하다), 極(극진할 극: 다하다. 지극하다)

맹가와 사어와 같은 충간의 말을 총애하여 제왕의 몸가짐을 바로잡으라는 뜻으로 구성되었다. '抗'은 지나치다, 자만한다는 뜻인 항(亢)의 가차이기는 하지만 굳이 가차할 필요가 없다. 가차한다면, 총애가 더해질수록 자만하기 쉬우니 지극히 겸손해져야 한다고 풀이된다. 두 구 역시 정교하게 대장되었다

省(동사)/躬(목적어)/譏(동사)/誡(동사)
寵(동사)/增(목적어)/抗(동사)/極(동사)

제169구부터 제178구까지는 맹자와 사어의 말과 행동에 바탕을 두어 제왕의 몸가짐을 경계시켰다. 상주문으로 정리하면 다음과 같다.

孟軻敦素 맹가 소행은 원래부터 도타웠고

史魚秉直 사어는 강직함은 죽어서도 견지되었습니다.

庶幾中庸 그들은 충신의 등용을 바라고 바랐으니

勞謙謹勅 충신은 삼가 받든 칙령대로 힘쓰기 때문입니다.

聆音察理 제왕은 정음을 깨닫고 도리를 관찰하며

鑑貌辨色 미자하 같은 용모를 경계하고 정색과 구분해야 합니다.

貽厥嘉猷 맹자와 사어의 영향은 가상하여 꾀할 만하니

勉其祗植 권면한 그들의 말을 명심해야 할 것입니다.

省躬譏誡 제왕은 충간을 받아들여 자신을 돌아보아야 하니

寵增抗極 충간을 총애해야 오만을 방지할 수 있기 때문입니다.

제179·180구

태 욕 근 치 임 고 행 즉

殆辱近恥 林皋幸即

dài rǔ jìn chǐ lín gāo xìng jí

오욕(汚辱)을 두려워해야(殆) 수치(羞恥)를 알 수 있으니(近)
삼림(森林)과 언덕(皋)에서 목전(即)의 상황을 기뻐하네(幸)

殆(거의 태: 위태하다. 두려워하다), 辱(욕될 욕: 수치스럽다), 近(가까울 근: 닮다.
알다), 恥(부끄러울 치: 욕보이다. 욕)
林(수풀 림: 숲), 皋(언덕 고: 못), 幸(다행 행: 즐거워하다), 即(곧 즉: 가깝다. 현재.
목전)

두 구를 시작으로 제194구 낙엽표요(落葉飄颻)까지는 직분을 다하고
현명하게 물러나는 충신의 처신과 은거 생활의 즐거움을 묘사했다. 물러
날 때를 아는 충신의 깨끗한 처신을 가리킨다. 즉, 충신은 권세를 가지려
안달하는 사람이 아니라 국가를 위해 힘쓰다가 직분을 완성하면 산림으
로 돌아가 기쁘게 여생을 마칠 수 있는 사람이라는 뜻이다. 주흥사 자신
의 생각을 암암리에 드러낸 말이라고도 추측할 수 있다.

아래 구의 소광과 소수를 홍사로 바꾸면 그대로 잘 들어맞기 때문이다.
두 구는 제194구까지의 발단에 해당한다. '近'은 대부분 가깝다는 뜻으로
쓰이지만 드물게는 안다는 뜻으로도 쓰인다. '即'은 거의 부사로 쓰이지
만, 부사는 마지막에 안배될 수 없으므로, 즉시 또는 기꺼이 뜻으로는 쓰
일 수 없다. 즉은 지금의 상황, 목전의 뜻이며 명사로 쓰였다.

제181·182구 兩疏見機 解組誰逼

liǎng shū jiàn jī jiě cú shuí bī

양소(兩疏)인 소광(疏廣)과 소수(疏受)는 퇴직의 시기(時機)를 보아내어(見) 스스로 인끈(組)을 해제(解除)하자 누가(誰) 핍박(逼迫)할 수 있었겠는가!

兩(두 량: 둘), 疏(소통할 소: 성기다), 見[볼 견, 뵈올 현: 보다. 뵙다(현)], 機(틀 기: 기계. 기회)

解(풀 해: 벗다), 組(짤 조: 베를 짜다. 조직하다. 끈), 誰(누구 수: 누구), 逼(핍박할 핍: 핍박하다)

양소로 불린 소광과 소수는 태자의 스승이었지만, 퇴직의 시기를 보아 내어 인끈인 조수(組綬)를 해제하고 고향으로 돌아갔으니, 누가 핍박할 수 있었겠는가라고 풀이할 수 있다.

소광(疏廣 ?~기원전 45)은 서한의 명신이다. 어릴 때부터 학문을 좋아 하여 《논어》와 《춘추》에 정통했으며, 덕행을 겸비했다. 선제 때, 태자의 스승으로 임명되었다.

소수(疏受 ?~기원전 48)는 소광의 장조카이다. 어릴 때부터 부친과 숙 부에게 학문을 익혔으며, 유가의 학문에 정통했다. 뛰어난 재능과 논리정 연한 언사로, 황제는 조회 때마다 군신의 대책에 대한 의견을 물었다. 태 자의 스승이 된 후, 열심히 지도하여, 태자는 열두 살에 이미 《논어》를 비롯하여 《시경》, 《예기》, 《상서》에 정통해졌다는 교육의 업적이 역사에 전한다. 선제는 그를 태자가령(太子家令)에 봉했다.

두 사람은 중국 역사에서 영읍이소(寧邑二疏)로 전해진다. 초원(初元) 원년(기원전 48) 류상(劉奭)이 제위를 이어받아 원제(元帝)로 등극했다. 이때 소광은 신하의 도리를 총결하여 본바, 그만둘 때를 잘 알아야 그야말로 현신이라는 점을 깨달았다. 그는 조카인 소수에게 다음과 같이 말했다.

"분수를 알아야 치욕을 당하지 않으며, 그칠 때에 그칠 줄을 알아야 위태롭지 않을 것이며, 공이 이루어지면 몸은 물러나야 하는 것이 하늘이 정한 도리라고 알고 있다. 지금의 벼슬에서 녹은 2천 석에 이르며, 관직에서도 성공했고, 명성도 수립되었다. 지금 만약 그만두지 않는다면, 두려워하며 후회할 일이 있을 것이니, 어찌 벼슬을 그만두고 고향으로 돌아가지 않겠는가! 고향으로 돌아가 수명대로 마칠 수 있다면, 역시 좋은 일 아니겠는가!"

이 말을 들은 소수 역시 숙부의 의견을 받아들였으며, 두 사람은 동시에 상소를 올려 쇠약해진 몸과 병을 핑계 삼아 관직을 거두어 주기를 요청하여 고향으로 돌아갔다. 고향으로 돌아간 두 사람은 학관을 설치하고, 일체의 돈을 받지 않고 제자들을 헌신적으로 가르치니, 칭찬하지 않는 사람이 없었다. 두 사람이 죽고 난 후, 영읍의 제후는 두 사람을 영읍 선현으로 추존했으며, 고향 사람들은 동소(東疏)와 서소(西疏)라 부르며 기렸다. 《한서·소광전(疏廣傳)》에 근거한다. 후일 도연명은 영읍을 지나면서 두 사람을 칭송하는 〈영이소(咏二疏)〉를 지었다.

大象轉四時 하늘이 사계절의 때를 알리는 듯
대 상 전 사 시
功成者自去 공을 이룬 두 사람은 절로 깨달아 떠났네.
공 성 자 자 거
借問衰周來 쇠미해졌던 주나라 이래의 처신을 묻노니
차 문 쇠 주 래

幾人得其趣 몇 사람이나 그 도리를 체득했던가!
기 인 득 기 취

游目漢廷中 한 대의 조정을 두루 돌아보니
유 목 한 정 중

二疏復此擧 두 사람은 또다시 이처럼 행동했네.
이 소 부 차 거

高嘯返舊居 고고하게 휘파람 불며 옛날 거처로 돌아왔으나
고 소 반 구 거

長揖儲君傅 항상 절 받은 태자의 스승이었네.
장 읍 저 군 부

餞送傾皇朝 전송할 때는 조정에서 마음을 기울여
전 송 경 황 조

華軒盈道路 화려한 수레는 도로를 채웠다네.
화 헌 영 도 로

離別情所悲 태자와 이별한 감정에는 슬퍼할 바 있으나
이 별 정 소 비

餘榮何足顧 남은 영광 어찌 돌아볼 가치가 있었겠는가!
여 영 하 족 고

事勝感行人 사업은 성대하여 행인을 감동시키니
사 성 감 행 인

賢哉豈常譽 현인이여! 어찌 일반의 명예와 같겠는가!
현 재 기 상 예

厭厭閭里歡 편안한 고향에서 사는 기쁨 누렸지만
염 염 염 리 환

所营非近務 경영한 바는 천근한 업무가 아니었다네.
소 영 비 근 무

促席延故老 자리를 재촉하며 고향 노인을 모셔
촉 석 연 고 로

揮觴道平素 술잔 들며 함께 평소의 일상을 이야기했네.
휘 상 도 평 소

問金終寄心 자손들이 재산을 물어도 타인을 위한 마음에 맡기니
문 금 종 기 심

清言曉未悟 재산 많으면 지조 훼손된다는 말 깨닫기 어려웠네.
청 언 효 미 오

放意樂餘年 뜻대로 남은 생을 즐기니
방 의 낙 여 년

遑恤身后慮 허둥거리며 근심하는 일은 사후의 염려일 뿐이었네.
황 휼 신 후 려

誰云其人亡 누가 이 두 사람이 죽었다고 말할 것인가!
수 오 기 인 망

久而道彌著 세월 오래되어도 맑은 도리는 더욱 또렷해지네.
구 이 도 미 저

청언(清言)은 현인이면서도 재산이 많으면 자신의 지조를 훼손할 수 있고, 어리석은 자인데도 재산이 많으면, 잘못을 더할 수 있다(賢而多财, 則損其志, 愚而多财, 則益其過)는 소광의 말을 가리킨다.

제183·184구 **索居閒處 沉默寂寥**

suǒ jū xián chǔ chén mò jì liáo

주거(住居)할 곳을 탐색(探索)하여 한가(閑暇)히 거처(居處)하니
침묵(沈默)과 적료(寂廖)의 일상이라네

索(찾을 색: 더듬다), 居(살 거: 거주하다), 閒(한가할 한: 한가하다), 處(곳 처: 곳.
누리다)

沉(잠길 침: 잠기다), 默(잠잠할 묵: 묵묵하다), 寂(고요할 적: 적막하다), 寥(쓸쓸
할 요: 적막하다)

주거할 곳을 찾았다고 했지만, 소광과 소수가 고향으로 돌아간 상황을
나타낸다. 은자의 한적한 삶으로는 동진 시대 도연명의 〈음주〉가 회자된다.

結廬在人境 관직 떠나 초가집 짓고 사람 사는 곳에 있으니
결 려 재 인 경
而無車馬喧 이리하여 수레와 말의 떠들썩한 소리가 없어졌다네.
이 무 차 마 훤
問君何能爾 그대 어찌하여 능히 그럴 수 있느냐고 묻는다면
문 군 하 능 이
心遠地自偏 마음이 관직에서 멀어지면 사는 곳은 절로 전원에 치우친다네.
심 원 지 자 편
采菊東籬下 동쪽 담장아래서 국화를 따다가
채 국 동 리 하
悠然見南山 한가로운 마음으로 남산을 바라보네.
유 연 견 남 산
山氣日夕佳 산기운은 해지는 저녁때가 좋으니
산 기 일 석 가
飛鳥相與還 날던 새도 서로 더불어 돌아오네.
비 조 상 여 환
此中有眞意 이러한 삶 속에 참된 뜻이 있으니
차 중 유 진 의
欲辨已忘言 아무리 밝히려 해도 이미 그 말조차 잊었다네.
욕 변 이 망 언

제185·186구 **求古尋論 散慮逍遙**

고인(古人)의 서적을 구하여(求) 탐구하고(尋) 논하면서(論)
우려(憂慮)를 분산(分散)시키고 소요(逍遙)한다네

求(구할 구: 구하다), 古(옛 고: 옛날. 선조), 尋(찾을 심: 탐구하다), 論(논할 논: 논
하다)

散(흩을 산: 흩뜨리다), 慮(생각할 려: 근심하다), 逍(노닐 소: 배회하다), 遙(멀 요:
소요하다)

앞 구에 이어 전원으로 돌아간 소광과 소수의 삶을 표현했다. 동진 시
대 사령운(謝靈運 385~433)의 〈석벽정사환호중작(石壁精舍還湖中作)〉
은 두 구의 상황에 알맞은 삶을 표현한 작품으로 회자된다.

昏旦變氣候 아침저녁으로 변화하는 기후에
혼 단 변 기 후
山水含淸暉 산과 물은 맑은 빛을 머금었네.
산 수 함 청 휘
淸暉能娛人 맑은 빛은 사람을 기쁘게 할 수 있으니
청 휘 능 오 인
游子憺忘歸 나그네는 편안하여 귀가를 잊었네.
유 자 담 망 귀
出谷日尙早 계곡을 나설 때의 날은 오히려 이른 아침이었는데
출 곡 일 상 조
入舟陽已微 배에 들어설 때의 태양 빛은 이미 희미해졌네.
입 주 양 이 미
林壑斂暝色 산림과 골짜기는 어둑한 색깔을 모았고
임 학 염 명 색
雲霞收夕霏 구름과 노을은 저녁 안개를 모았네.
운 하 수 석 비
芰荷迭映蔚 마름과 연꽃은 번갈아 비치며 무성하고
기 하 질 영 울

蒲稗相因依 부들과 피는 서로 잇닿아 의지하네.
포 패 상 인 의

披拂趨南径 초목을 헤치며 남쪽 오솔길을 달려가
피 불 추 남 경

愉悅偃東扉 기쁨에 겨워 동쪽 사립문에서 쉬네.
유 열 언 동 비

慮澹物自徑 근심은 외물에 담백해져 절로 가벼워지고
여 담 물 자 경

意愜理無違 은거의 뜻은 양생의 도리에 알맞아 어긋남이 없네.
의 협 리 무 위

寄言攝生客 양생의 도를 추구하는 사람들에게 이 말을 전하여
기 언 섭 생 객

試用此道推 시험 삼아 이러한 도를 사용해 보도록 추천한다네.
시 용 차 도 추

제187·188구 欣奏累遣 感謝歡招

xīn zòu lèi qiǎn qī xiè huān zhāo

은거는 흔쾌(欣快)함은 모여들고(奏) 누(累)는 떨치며(遣)

은거는 근심(慼)은 물리치고(謝) 환희(歡喜)만 불러(招)오네

欣(기쁠 흔: 기쁘다), 奏(아뢸 주: 연주하다), 累(여러 루: 묶다. 폐), 遣(보낼 견: 떨쳐버리다)

慼(근심할 척: 근심하다), 謝(사례할 사: 사례하다. 물리치다. 시들다), 歡(기쁠 환: 기뻐하다), 招(부를 초: 부르다)

두 구 역시 소광과 소수의 전원생활에 만족하는 기쁨을 표현했다. 대장의 분석은 다음과 같다.

欣(주어)/奏(동사)/累(주어)/遣(동사)

慼(주어)/謝(동사)/歡(주어)/招(동사)

흔, 환, 견, 사는 중복이다. 남은 200여 자로 구성해야 하므로 표현의 중복은 피하기 어려웠을 것이지만, 제179구에서 시작된 은거 생활에 만족하는 감정의 강조라고 볼 수도 있다. 사(謝)는 감사의 뜻으로 많이 쓰이지만, 물리치다, 시들다, 떨어지다는 뜻으로도 쓰인다.

개천(川渠)의 연꽃(荷花)은 곱고(的)도 역력(歷歷)하고
전원(田園)의 초망(草莽)은 싹터(抽) 자라네(條)

渠(개천 거: 도랑), 荷(멜 하, 연꽃 하: 메다. 연꽃), 的(과녁 적: 표적. ~의. 곱다), 歷
(지날 력: 겪다. 분명하다)
園(동산 원: 뜰), 莽(우거질 망: 풀숲이 우거지다. 숲. 초목), 抽(뽑을 추: 싹트다),
條(가지 조: 가지. 통하다. 길다. 자라다)

적력은 선명하다는 뜻으로 습관적으로 붙여 쓰며, 추조는 나뭇가지에
서 싹튼다고 풀이하면 대장이 이루어지지 않지만, 조를 자라다의 뜻으로
풀이하면 정확하게 대장된다. 망은 초목의 무성한 모습을 가리키지만, 이
구에서는 초목의 뜻으로 쓰여 연과 대장된다.

渠(명사형형용사)/荷(명사)/的(형용동사)/歷(형용동사)
園(명사형형용사)/莽(명사)抽/(형용동사)/條(형용동사)

은자가 사는 전원의 모습을 앞 구에 이어 표현했다. 연꽃은 은자의 삶
과 밀접한 관계가 있다. 줄기가 곧고, 향기가 은은하여 군자의 모습과 성
품에 비유되기 때문이다. 북송 시대의 주돈이(周敦頤 1017~1073)는 〈애련
설(愛蓮說)〉에서 다음과 같이 연을 찬양했다.

육지와 물에 피어나는 초목의 꽃 중에서 사랑할만한 것은 매우 많다. (그중에서) 진나라 도연명은 유독 국화를 사랑했고, 이세민이 당나라를 개창한 이래로 세상 사람들은 목단을 매우 사랑한다. 나는 유독 연이 진흙에서 나와도 오염되지 않고, 맑은 물결에 씻겨 요염하지 않고, 속으로는 감정이 통하고 겉으로는 꾸미지 않았으며, 다른 곳으로 뻗지도 않고, 갈라지지도 않으며, 향기는 멀어져도 맑은 여운을 더하면서, 우뚝하고도 깨끗하게 서 있어서, 멀리서 바라볼 수는 있으나, 음탕할 수도 희롱할 수도 없는 (여인 같은) 모습을 사랑하는 것이다.

나는 국화를 일컬어, 꽃 중의 은일자이며, 목단은 꽃 중의 부귀한 자이며, 연은 꽃 중의 군자로 여긴다. 아! 국화에 대한 사랑은 도연명 이후로 드물다고 들었다. 연을 사랑하는 자가 나와 같다면 어떤 사람이겠는가! 목단에 대한 사랑은 당연하고도 많도다!

水陸草木之花, 可愛者甚蕃. 晉陶淵明獨愛菊. 自李唐来, 世人甚愛牡丹. 予獨愛蓮之出淤泥而不染, 濯清漣而不妖, 中通外直, 不蔓不枝, 香遠益清, 亭亭净植, 可遠觀而不可褻翫焉. 予謂菊, 花之隱逸者也. 牡丹, 花之富貴者也. 蓮,花之君子者也. 噫! 菊之愛, 陶后鮮有聞. 蓮之愛, 同予者何人! 牡丹之愛, 宜乎衆矣.

제191·192구 **枇杷晚翠 梧桐蚤凋**

pí pá wǎn cuì wú tóng zǎo diāo

비파(枇杷)잎은 늦게까지(晚) 푸르고(翠)

오동(梧桐)잎은 일찍(蚤) 조락(凋落)하네

枇(비파나무 비: 비파나무), 杷(비파나무 파: 비파나무), 晚(늦을 만: 늦다), 翠(푸를 취: 비취색)

梧(오동나무 오: 오동나무), 桐(오동나무 동: 오동나무), 蚤[벼룩 조: 손톱. 일찍(早)], 凋(시들 조: 시들다)

비파와 오동은 주로 세월의 빠름이나 무상을 나타내지만, 이 구에서는 즐긴다는 뜻으로 보아야 수미가 일관된다. 은자의 삶이 이렇게 만족스러운데 세월이 너무 빨리 지나간다는 아쉬움의 표현이다. '蚤凋'는 조조(早凋)로도 쓸 수 있으나 천자문에 무는 없다. 오동조락(梧桐凋落)으로 쓰면 더 잘 어울릴 것 같지만, '晚'과 '凋'는 대장되지 않으며, '落'은 제194구 낙엽표요(落葉飄飆)에서 사용되었을 뿐만 아니라 압운 자가 아니며, '翠'와 대장도 어색하기 때문이다. 이와 같은 경우는 시문에서 흔히 볼 수 있는 현상으로 압운과 대장의 이해가 없으면 보아내기 어렵다. 두 구는 정교하게 대장되었다.

枇杷(식물)/晚(부사)/翠(형용동사)

梧桐(식물)/蚤(부사)/凋(형용동사)

식물에는 식물이나 동물의 대장이 기본이다. 만과 조, 취와 조는 반대(反對)로 선명한 느낌을 준다. 비파는 호귤, 금환, 호지라고도 불리는 장미과의 상록 교목이다. 송대 대복고(戴復古 1167~약 1248)는 〈초하유장원(初夏游張園)〉에서 다음과 같이 비파를 찬미했다.

乳鴨池塘水淺深 새끼오리 노니는 연못물은 얕고 깊은 곳 있고
유 압 지 당 수 천 심
熟梅天氣半晴陰 매실 익히는 유월의 날씨는 맑다가도 그늘지네.
숙 매 천 기 반 청 음
東園載酒西園醉 동쪽 정원에 술 내어 서쪽 정원에서 취한 후
동 원 재 주 서 원 취
摘盡枇杷一樹金 한 그루 비파에서 딴 것은 모두 황금 열매라네.
적 진 비 파 일 수 금

오동잎은 가을이 되면 가장 빨리 떨어진다고 알려져 있다. 중국 속담에 아침 입추이면 곧 시원해지고 저녁 입추이면 더위가 소를 죽인다(早立秋凉飕飕, 晚立秋热死牛)고 한다. 입추는 태양의 황경(黃經)이 135도가 될 때이며, 135도에 드는 시각이 아침이면 날씨는 시원하고, 저녁이면 날씨가 계속 더울 것이라는 뜻이다. 입추는 24절기 가운데서 대서와 처서 사이에 드는 절기로, 이날부터 입동까지를 가을로 여긴다. 오동잎은 입추가 되면 가장 먼저 떨어지므로 떨어지는 잎이 가을을 알린다(落葉知秋)는 말의 낙엽은 오동잎을 가리킨다. 백거이의 〈장한가(長恨歌)〉에는 안사의 반란이 진압된 후, 환궁한 당 현종이 양귀비 없는 쓸쓸한 심정을 다음과 같이 묘사했다.

芙蓉如面柳如眉 연꽃은 양귀비 얼굴 같고 버들은 눈썹 같으니
부 용 여 면 류 여 미
對此如何不淚垂 이 모습 마주하고 어찌 눈물 흘리지 않겠는가!
대 차 여 하 불 루 수
春風桃李花開日 춘풍에 도리 핀 날에도 그대는 없고
춘 풍 도 리 화 개 일
秋雨梧桐葉落時 가을비에 오동잎 떨어질 때도 그대는 없네.
추 우 오 동 엽 락 시

陳根委翳 落葉飄颻

진 근 위 예 낙 엽 표 요

chén gēn wěi yì luò yè piāo yáo

묵은 뿌리(陳根)는 시들어(委) 죽고(翳)

낙엽(落葉)은 나부껴(飄) 오르네(颻)

陳(베풀 진, 묵을 진: 베풀다. 묵다), 根(뿌리 근: 뿌리), 委(맡길 위: 시들다), 翳[깃 일산 예: 깃 일산(자루가 굽은 부채의 일종으로 의장의 한 가지). 말라 죽다]

落(떨어질 락: 떨어지다), 葉(잎 엽: 잎), 飄(나부낄 표: 나부끼다), 颻(흔들 요: 흔들다. 오르다)

묵은 뿌리는 시들어 죽으면 다시 새봄을 기다리고, 낙엽 나부껴 오르다 떨어지는 가을을 즐긴다는 뜻으로 풀이해야 앞부분과 일관된 서술이 될 수 있다. 두 구 역시 쓸쓸한 정조보다는 전원생활의 기쁨이 너무 빨리 지나간다는 아쉬움을 나타내었다. 대장 또한 정교하다.

陳(형용사)/根(명사)/委(형용동사)/翳(형용동사)

落(형용사)/葉(명사)/飄(형용동사)/颻(형용동사)

당대 시인 왕유(王維 701~761)의 〈망천한거증배수재적(輞川閑居贈裴秀才迪)〉에서는 가을날 망천의 거처에서 한가로이 지내는 심정을 다음과 같이 묘사했다.

寒山轉蒼翠 가을 산은 푸름을 바꾸고
한 산 전 창 취

秋水日潺湲 가을 물은 햇빛 받으며 졸졸거리네.
추 수 일 잔 훤

倚仗柴門外 지팡이 짚은 사립문 밖에서
의 장 시 문 외

臨風聽暮蟬 바람맞으며 저녁 매미 소리를 듣네.
임 풍 은 모 선

渡頭餘落日 나루 머리에 남은 해 떨어지자
도 두 여 낙 일

墟里匕孤烟 마을에는 비수 같은 한 줄기 연기 오르네.
허 리 비 고 연

復值接輿醉 또다시 은사 접여에 필적하는 배적은 취하여
부 치 접 여 취

狂歌五柳前 도연명처럼 사는 내 집 앞에서 마음껏 노래 부르네.
광 가 오 류 전

제195·196구 遊鯤獨運 凌摩絳霄

you kūn dú yùn líng mó jiàng xiāo

북해에서 유영(游泳)하던 큰 물고기 곤(鯤)은 독립(獨立)하여 남쪽 바다로 운신(運身)할 생각에 대붕으로 변한 후
구름을 능가(凌駕)하며 진홍빛(絳) 하늘(霄)까지 날 수 있는 기량을 연마(摩)하여 반년 후에 남쪽 바다에 도착했다네

游(헤엄칠 유: 헤엄치다), 鯤(곤이 곤: 곤어. 상상 속의 큰 물고기), 獨(홀로 독: 오직. 장차), 運(옮길 운: 움직이다. 운반하다)
凌(업신여길 릉: 능가하다), 摩(문지를 마: 연마하다), 絳(진홍 강: 진홍빛), 霄(하늘 소: 하늘)

　은거 생활에서 길러지는 호연지기를 나타내었다. '摩'는 마(磨)와 같다. '磨'로 쓰면 더욱 명확해지지만, 마는 제92구 절마잠규(切磨箴規)에서 사용되었다. 두 구는 고사의 지나친 함축이므로 설명을 보충하는 말이 들어가지 않으면 그 뜻을 제대로 알기 어렵다. 호연지기의 극치를 표현할 때, 곤붕(鯤鵬)의 전고가 종종 인용된다. 《장자·소요유》 구절의 인용이다. 해당 부분은 다음과 같다.

　"북쪽 바다에 큰 물고기가 사는데 이름은 곤이다. 곤의 길이는 몇천 리인지를 알 수 없다. 곤은 변화하여 새가 되는데, 이름은 붕(鵬)이다. 붕은 등의 크기만 해도 몇천 리인지 알 수 없다. 붕이 기세 있게 날면, 그 날개는 하늘에 구름을 드리운 것과 같다. 이 새는 바다 위를 돌아다니다가 남

쪽 바다로 옮겨가려 한다. 남쪽의 바다는 바로 하늘 바다(天池)이다."

《제해(齊諧)》는 괴이한 일을 모아놓은 서적으로, 다음과 같이 설명한다.

"붕새가 이동하려 할 때, 바닷물은 삼천 리에 걸쳐 파도로 거칠어지는데, 붕새는 이때 일어나는 회오리바람으로 날갯짓을 해서 구만 리 높이에서 남쪽을 향해 날며 반년 후에 남쪽 바다에 도착해서 휴식한다."

강소는 자소(紫霄)로 써야 하지만, 자는 제157구 안문자새(雁門紫塞)에서 사용되었다. 자소는 자소궁(紫霄宮)의 준말로 신선이 사는 곳이다. 갈홍(葛洪 284~364)의 《신선전》에 의하면, 9소(九霄) 중의 제8층인 하늘에 해당한다. 9소는 신소(神霄), 청소(青霄), 벽소(碧霄), 단소(丹霄), 경소(景霄), 옥소(玉霄), 진소(振霄), 자소(紫霄), 태소(太霄)로 불린다. 신선의 공력에 따라 점점 더 높은 단계의 하늘로 올라가 수 있다고 믿으며, 9소 위에 또 구천이 있다고 여긴다. 한대 양웅(揚雄 기원전 53~18)의 《태현경》에 의하면 구천은 중천(中天), 이천(羨天), 종천(從天), 경천(更天), 수천(睟天), 곽천(廓天), 함천(咸天), 심천(沈天), 성천(成天)으로 구분한다. 또한, 하늘은 볼 수 없어서 검다(玄)고 말한다. 《오경》 사전인 《이아(爾雅)》에서는 봄 하늘을 창천(蒼天), 여름 하늘을 호천(昊天), 가을 하늘을 민천(旻天), 겨울 하늘을 상천(上天)으로 분류한다.

耽讀翫市 寓目囊箱

탐 독 완 시 우 목 낭 상

dān dú wán shì yù mù náng xiān

왕충은 독서(讀書)에 탐닉(耽溺)했으나 책을 살 수 없는 형편이어서 시장 (市場)의 서점을 완롱(翫弄)할 정도로 외워버렸으니

눈(目)을 맡기는(寓) 책마다 머릿속은 서낭(書囊)과 서상(書箱)으로 변했 다네

耽(즐길 탐: 즐기다. 열중하다), 讀(읽을 독: 읽다), 翫(희롱할 완: 경시하다), 市(저 자 시: 시장)

寓(부칠 우: 맡기다), 目(눈 목: 보다. 주시하다), 囊(주머니 낭: 자루), 箱(상자 상: 상자)

왕충은 독서에 탐닉했으나 책을 살 수 없는 형편이어서 책을 모조리 외 워버려 서점 거리를 희롱할 정도였다는 이야기처럼 소광과 소수 역시 그 러했다고 풀이할 수 있다. 두 구의 구성 목적은 왕충에게 중점이 있는 것 이 아니라, 왕충의 예를 빌어 소광과 소수 역시 이와 같은 생활을 즐긴다 는 뜻을 나타내려 한 것이다. 두 구는 왕충(王充)에 대한 지나친 함축으 로 자의만으로는 그 뜻을 알기 어렵다.

왕충은 후한 광무제 3년(27)에서 화제(和帝) 영원(永元) 연간(89년) 사 람이다. 《논형》의 자서와 범엽(范曄 398~445)의 《후한서》에 나타난 간략 한 기록 및 각종 일문을 통한 단편적인 기록 외에는 생애에 대해 거의 알 려진 바가 없다. 범엽의 《후한서》에 기록된 내용은 다음과 같다.

왕충의 자는 중임(仲任)이며, 회계군 상우(上虞) 사람이다. 부친은 왕충이 어렸을 때 죽었으며, 향리에서는 효성스럽다고 칭찬받았다. 후에 경성으로 나아가 태학에서 공부했으며, 반표(班彪)를 사사했다. 여러 서적을 두루 섭렵했으며, 장구에 얽매이지 않았다. 집안이 몰락한 까닭에 서적을 살 돈이 없어, 항상 낙양으로 나아가 사고 싶은 책을 열독했다. 한 번 보기만 하면 모두 외울 수 있었다. 이리하여 제자백가의 학설에 통효할 수 있었다. 후에 고향으로 돌아와 은거하며 후학을 가르쳤다. 주군에서 공조(功曹)를 지낸 적이 있다. 여러 차례 장관의 잘못을 충간했으나, 의견이 받아들여지지 않자 벼슬을 그만두었다.

왕충은 논설의 발표를 좋아했으며, 얼핏 듣기에는 매우 이상한 논설인 듯했으나, 자세히 살펴보면 오히려 매우 도리에 합당하고 근거가 있었다. 그는 견식이 천박한 유생들이 지나치게 서적의 장구에만 매달려 내용의 정수와 참뜻을 잃고 있다고 여겼다. 이리하여 은거하면서 세상과 일체의 교유를 끊고 사색에 몰두했다. 집 안의 문과 창문, 벽들 곳곳에 붓과 도필(刀筆)을 놓아두고《논형》85편을 저작했다. 20여만 자의 분량이었다.

주요 내용은 사물의 종류를 해석하고, 당시 사람들이 잘못 알거나 의혹이 있었던 문제를 바로잡았다. 자사(刺史) 동근(董勤)의 초빙에 의해 종사(從事)가 되었다가, 후에 또 치중(治中)의 관직을 맡기도 했으나, 관직을 사임하고 집으로 돌아왔다.

그의 동향 친구인 사이오(謝夷吾 25~89년)가 그의 재능이 아까워 조정에 상소를 올려 추천하자, 숙종(肅宗)은 특별히 조서를 내려 공거부(公車府)에서 그를 초빙하도록 했으나, 이때는 중병으로 나아가지 못했다. 70세 무렵에《양성(養性)》16편을 지었으며, 기력이 쇠퇴해지자, 논술을 쓰고 싶은 욕구를 절제하고, 건강과 지조를 지키는 데 힘썼다. 영원(永元)

연간, 집에서 병으로 죽었다.

　　대표적 저서로는 《논형》 85편이 있다. 제50편 〈강서(講瑞)〉에서 "이 논설은 영평(永平) 연간에 쓰기 시작했다."라는 말이 나온다. 이로 미루어 보면 《논형》은 32세 전후에 집필을 시작해, 장화(章和) 연간(67)인 61~62세 전후에 완성한 것으로 추측된다. 무려 30여 년에 걸친 저작으로 알려져 있다.

　　제179구부터 제198구까지는 소광과 소수의 예로써 충신의 처신을 묘사했다. 상주문으로 나타내면 다음과 같다.

殆辱近恥 충신은 마땅히 오욕을 두려워하고 수치를 알아

林皋幸即 삼림과 언덕에서도 목전의 상황을 기뻐합니다.

兩疏見機 소광과 소수는 물러날 시기를 적시에 보아 내었으니

解組誰逼 인끈 푼 은거에 누가 핍박할 수 있었겠습니까!

索居閒處 고향으로 돌아가 한가로이 거처하니

沉默寂寥 명상과 고요함을 즐기는 일상이었습니다.

求古尋論 고인의 서적으로 진리를 구하며

散慮逍遙 근심은 저 멀리 보내고 소요했습니다.

欣奏累遣 즐거움은 모여들고 폐되는 일은 멀어졌으며

感謝歡招 근심은 멀어지고 환희만 가득했습니다.

渠荷的歷 개천의 연꽃은 곱고도 선명했고

園莽抽條 초목의 자람을 완상하는 일상이었습니다.

枇杷晚翠 비파잎 늦게까지 푸르렀고

梧桐蚤凋 오동잎 조락하는 가을을 즐겼습니다.

陳根委翳 묵은 뿌리 시들어 죽으면 새봄을 기다렸고

落葉飄颻 낙엽 나부끼는 가을을 즐겼습니다.

遊鯤獨運 북해에서 유영하던 큰 물고기 곤이 독립하여 남쪽 바다로 운신할 생각
에 대붕으로 변한 후

凌摩絳霄 기량을 연마하여 구름을 능가하며 하늘을 날아 남쪽 바다에 도착한
호연지기의 심정이었습니다.

耽讀翫市 왕충은 독서에 탐닉했으나 책을 살 수 없는 형편이어서 시장의 서점을
희롱할 정도로 외워버렸으니

寓目囊箱 눈을 맡기는 책마다 머릿속은 서낭과 서상으로 변했듯이 소광과 소수
역시 탐독의 일상이었습니다.

제199·200구 易輶攸畏 属耳垣牆

yì yóu yōu wèi zhǔ ěr yuán qiáng

가벼운 수레(輶)를 경시한(易) 위태로움(攸畏)이여!

귀(耳)를 갖다 대야만 하는(属) 담장(垣牆) 밖에서의 원망이여!

易[바꿀 역, 쉬울 이: 바꾸다. 경시하다(이)], 輶(가벼울 유: 보잘것없다. 가벼운 수레. 임금의 사자가 타는 수레), 攸[바 유: 바(所). 곳. 이에. 위태롭다], 畏(두려워할 외: 경외하다. 꺼리다)

属(무리 속: 붙다. 붙이다), 耳(귀 이: 귀), 垣(담 원: 울타리), 墻(담 장: 담장)

제왕은 직위나 총애 여부와 관계없이 여러 신하를 공평하게 대해야 한다는 뜻을 품고 있다. 속이원장은 《시경·소변(小弁)》에 근거하며, 8수로 이루어진 원망의 내용으로 인용된 부분은 다음과 같다.

莫高匪山 저 산보다 높은 산은 없고
막 고 비 산
莫浚匪泉 저 샘보다 맑은 샘은 없네.
막 준 비 천
君子無易由言 군자는 말을 함부로 바꾸지 않는 법이니
군 자 무 역 유 언
耳属於垣 타인의 귀는 담장에도 붙어 있기 때문이라네.
이 속 어 원
無逝我梁 물고기 가두는 어량(魚梁)처럼 나를 보내지 마시길!
무 서 아 량
無發我筍 물고기 가두는 통발을 열어두듯 하지 마시길!
무 발 아 구
我躬不閱 지금 당장 나 자신이 받아들여지지 않으니
아 궁 불 열
遑恤我后 어찌 나의 미래를 걱정할 수 있겠는가!
황 휼 아 후

이 시는 주나라 유왕(幽王)이 쫓아낸 태자 희의구(姬宜臼)가 부친을 원망하는 노래라는 설과, 쫓겨난 귀족의 아내가 남편을 원망하는 노래라는 설이 전한다. 원망의 뜻을 나타내는 노래임은 분명하다. 원망하는 설로써 이 시를 이해한다면, 귀가 담장에도 붙어 있다는 말은, 아버지나 남편이 자신을 쫓아내자, 다시 불러줄 날을 고대하며 담장 주위를 맴돈다는 뜻으로 풀이된다. 그러므로 이속우원(耳屬於垣)은 흔히 방안에서 하는 말은 바깥에서 듣는 사람이 있고, 나무 아래서 하는 말은 나무 위에서 듣는 사람이 있으며, 큰 길에서 하는 말은 풀 속이나 구덩이 속에서 듣는 사람이 있어서 항상 말을 조심하라는 뜻과는 달리 쓰였다.

유는 가벼운 수레 또는 임금의 사자가 타는 수레다. 가벼운 수레라고 했지만, 역할의 중요성에 있어서는 결코 가볍지 않다. 나의 역할은 실로 중요하고 평소 말없이 보좌했는데도, 어리석은 군주나 남편은 나의 가치를 몰라보고 내쫓으려 한다. 그래서 나는 잘못이 없는데도 불구하고, 담장에 귀를 갖다 댈 정도로 전전긍긍하며, 나의 가치를 모르는 상대방을 원망할 수밖에 없는 것이다. 두 구는 가벼운 수레에 탄 사람일지라도 경시하면 경시한 사람에게는 틀림없이 위태로움이 따를 것이니, 귀를 담장에 붙일 정도로 전전긍긍하지 않도록 믿어주고 안심시켜 달라는 말과 같다. 아무런 죄도 없는 약자의 설움이 고스란히 묻어나는 처연한 표현이다.

제201·202구 具膳飱飯 適口充腸

jù shàn cān fàn　shì kǒu chōng cháng

반찬(膳)을 구비(具備)하고 밥(飯)을 먹으니(飱)

구미(口味)에 적당(適當)하고 위장(胃腸)을 채우네(充)

具(갖출 구: 구비하다), 膳(선물 선, 반찬 선: 생육. 고기. 음식. 먹다. 올리다. 요리

하다), 飱(저녁밥 손: 먹다), 餐(밥 찬: 먹다), 飯(밥 반: 식사)

适(맞을 적: 마땅하다), 口(입 구: 입), 充(채울 충: 충만하다), 腸(창자 장: 마음)

일상생활의 편안한 마음을 표현한 구처럼 보이지만, 앞부분의 두 구와 밀접한 관계가 있다. 윗사람은 아랫사람이 차려주는 밥을 먹고 위장을 채우는 일을 당연하게 생각한다. 그러나 윗사람이 편안하게 위장을 채울 수 있는 까닭은 하찮게 여기는 아랫사람의 수고 덕분인데도 마음에 들지 않으면 함부로 내쫓는다. 두 구는 그러한 수고를 알아주어 하찮게 보이는 신하일지라도 함부로 대하지 말라는 충간의 뜻으로 쓰였다. 반찬과 입, 밥과 장은 인과관계의 대장이다. 손(飱)은 먹는다는 동사로 쓰였다.

具(동사)/膳(목적어)/飱(동사)/飯(목적어)

适(동사)/口(목적어)/充(동사)/腸(목적어)

당(唐)대 재상 이신(李紳 772~846)의 〈민농(憫農)〉 2수는 농부의 고통과 곡식의 소중함을 잘 나타낸 작품으로 이러한 상황에 잘 들어맞는다.

春種一粒粟 봄에 한 알, 한 알 곡식을 심어
춘 종 일 립 속

秋收万顆子 가을에는 만 알의 곡식을 수확하네.
추 수 만 과 자

四海無閑田 사해에는 곡식 심지 않은 논밭 없으나
사 해 무 한 전

農夫猶餓死 농부는 오히려 굶어 죽을 처지라네.
농 부 유 아 사

鋤禾日當午 호미로 곡식의 김을 매는데 해는 어느덧 정오
서 화 일 당 오

汗滴禾下土 땀방울은 곡식 아래의 땅에 떨어지네.
한 적 화 하 토

誰知盤中餐 누가 접시 속의 음식에 얽힌 사연을 알랴!
수 지 반 중 찬

粒粒皆辛苦 알알이 모두 농부의 고생으로 이루어졌다는 것을!
입 립 개 신 고

포 어 팽 재 기 염 조 강
飽飫烹宰 飢厭糟糠
bǎo yù pēng zǎi jī yàn zāo kāng

포만(飽滿)하면 포팽(炮烹)과 재살(宰殺)에 물리는(飫) 법이지만
기아(饑餓)이면 조박(糟粕)과 비강(粃糠)조차 족한(厭) 법이라네

飽(배부를 포: 배부르다), 飫(물릴 어: 실컷 먹다), 烹(삶을 팽: 음식물을 삶다. 요리), 宰(재상 재: 도살하다. 도살)
飢(주릴 기: 굶주리다), 厭(싫어할 염: 물리다. 족하다), 糟(지게미 조: 지게미), 糠(겨 강: 겨)

앞부분에 이은 설명이다. 배가 부를 때는 평소 하찮게 생각했던 아랫사람의 수고를 당연시하고 자신의 은혜로 여기는 것처럼, 권력에 취해 있을 때는 모르지만, 잃으면 하찮게 여기던 사람들이 얼마나 소중한 존재였는지를 깨닫게 된다는 뜻이다. 포만과 기아, 물리다와 만족하다는 선명하게 대장된다. 해당 부분의 분석은 다음과 같다.

飽(주어)/飫(동사)/烹(목적어)/宰(목적어)
飢(주어)/厭(동사)/糟(목적어)/糠(목적어)

조강은 술지게미나 쌀겨처럼 보잘것없는 음식물, 가난, 무용지물의 뜻으로 붙여 쓰지만, 팽과 재에 대장되려면 조와 강을 나누어야 한다. 염은 일반적으로 염증을 느낀다는 뜻으로 쓰이지만 만족하다의 뜻도 있다. 지나치게 만족하면 염증을 느낄 수 있으므로 결국은 같은 말이다.

'조강' 하면 대체로 어려운 시절을 함께 고생한 아내라는 뜻인 조강지처(糟糠之妻)를 떠올리기 마련이다. 조강지처는 송홍(宋弘 ?~40)의 고사에 근거한다. 송홍은 한대 광무제 때 태중대부를 지냈다. 그는 받은 녹봉을 모두 친척들에게 나누어 주고, 집에는 일체 저축하는 법이 없었다. 이러한 청렴의 성품이 널리 알려져, 나중에는 선평후에 봉해졌다.

당시 광무제의 여동생인 호양공주가 남편을 여의자, 광무제는 공주를 재가시키기 위해 그녀의 의중을 물었다. 공주가 말했다. "송공의 위엄과 도덕은 조정의 다른 대신들과 비교할 수 없다고 들었습니다." 후일 광무제는 공주를 병풍 뒤에 숨겨놓고, 송홍을 불러 말했다.

"속담에 관리가 승진하면 친구가 바뀌고, 재물이 불어나면 처가 바뀌는 일은 인지상정이 아니겠는가!"

이에 송홍이 대답했다.

"가난할 때의 사귐은 잊을 수 없고, 가난할 때 함께한 처는 버릴 수 없다(貧賤之交不可忘, 糟糠之妻不下堂)는 것이 저의 생각입니다."

공주는 송홍에 대한 미련을 버릴 수밖에 없었다. 《후한서·송홍전》에 근거한다.

친척(親戚)은 구가(舊家)를 연고(緣故) 삼았으므로
노소(老少)는 양식(糧食)으로 우대해야(異) 한다네

親(친할 친: 친하다), 戚(친척 척: 친척. 근심하다), 故(연고 고: 연고. 친숙한 벗),
舊(옛 구: 친구)
老(늙을 로: 늙다. 노인), 少(적을 소, 젊을 소: 적다. 젊은이. 어린이), 異(다를 리:
달리하다. 우대하다), 糧(양식 양: 양식)

두 구 역시 앞부분의 구성과 같다. 노소는 노소를 불문하다는 뜻이다.
표면적으로는 친척은 여러 대를 이어 온 집안이어서 노소를 불문하고 도
와주어야 한다는 뜻이지만, 어려운 친척 역시 무시하지 말고 잘 도와주
라는 표현으로 하찮은 사람이라고 해도 무시하지 말라는 것이 본의다.
친구에 관해서는 제91구 교우투분(交友投分)에서 설명했으므로 또다시
친구를 거론하는 것은 중복이다.

易輶攸畏 미천하다고 해서 경시하면 어려움이 따를 것이니
屬耳垣牆 담장에 귀를 대고 원망하며 불러주기를 고대하지 않도록 해야 합니다.
具膳飱飯 미천한 자의 노력으로 음식을 먹는 것이니
適口充腸 맛과 배부름이 어찌 당연하겠습니까!
飽飫烹宰 포만하면 고기조차 질리는 법이지만
飢厭糟糠 배고프면 술지게미조차 족한 것과 마찬가지로 미천한 자의 쓰임도 이

와 같습니다.

親戚故舊 친척은 대대로 이어온 집안이어서

老少異食糧 노소를 불문하고 돕는 것과 같은 이치입니다.

첩　어　적　방　　시　건　유　방

妾御績紡 侍巾帷房

qiè yù jì fǎng　shì jīn wéi fáng

시첩(侍妾)은 방적(紡績)을 제어(制御)하기도 하고

시첩(侍妾)은 유방(帷房)을 가리기도(巾) 한다네

妾(첩 첩: 시비), 御(거느릴 어: 다스리다), 績(길쌈할 적: 길쌈하다. 방적), 紡(길쌈
방: 길쌈. 비단)

侍(모실 시: 시중들다), 巾(수건 건: 덮다), 帷(휘장 유: 가리다), 房(방 방: 침실)

　시첩의 일상을 묘사한 구로 길쌈이나 집안의 여러 일을 보조하며 주인
의 시중을 잘 드는 일에서 그쳐야 한다는 뜻이지만, 함의는 제왕과 여러
첩실의 관계 규정과 같다. 정실의 자리를 함부로 넘보지 말아야 한다는
경고를 겸한다. 제217구의 적후사속(嫡後嗣續)과 관련지어 보면 그 뜻은
명확하다.

　유방은 규방의 별칭이며 고대에는 유막(帷幕)으로 장식했다. 침상에는
커튼을 쳐서 사생활을 보호했는데, 양옆으로 장식한 커튼을 유(帷)라 하
고, 위에 친 커튼을 막(幕)이라 한다. 시건유방의 속뜻은 주인의 잠자리
를 잘 받든다는 암시를 준다. 위아래를 연관 짓지 않고 독립된 구로 생각
하여 부연하면《예기·내칙》의 규칙을 들 수 있다.

　여자는 열다섯 살이 되면 비녀를 꽂아 성년의 예를 행하고, 스무 살이
되면 출가할 수 있다. 때로 사정이 생기면, 스물세 살까지는 출가해야 한

다. 육례(六禮)를 갖추어 정식으로 출가해야 처이며, 육례를 갖추지 않고 혼인하면 첩이다.

일반적으로 첩의 주요 임무 중의 하나는 시건유방이다. 일상생활의 의복이나 침구 등을 시중드는 일이다. 건은 일반적으로 두건을 뜻하지만, 이 구에서는 가리다, 정리하다는 동사로 보아야 두 구는 정확하게 대장된다. 첩(妾)과 시(侍)처럼 동일한 운자를 나누는 것은 상용하는 대장이다. 분석은 다음과 같다.

妾(명사)/御(동사)/績紡(목적어)
侍(명사)/巾(동사)/帷房(목적어)

제209·210구 紈扇圓絜 銀燭煒煌

wán shàn yuán jié yín zhú wěi huáng

환선(紈扇)은 둥글게(圓) 재단되었고(絜)

은촉(銀燭)은 빨갛게(煒) 빛나네(煌)

紈(흰 비단 환: 고운 비단), 扇(부채 선: 부채), 圓(둥글 원: 둥글다), 絜[헤아릴 혈,
깨끗할 결: 헤아리다. 재다. 묶다. 깨끗하다(결)]

銀(은 은: 은빛), 燭(촛불 촉: 등불), 煒(빨갈 위: 밝다), 煌(빛날 황: 빛나다. 성하다)

표면적으로는 시첩이 주인을 시중드는 모습이지만 상주문과 관련지어
생각해 보면, 시첩이 제왕을 모시는 장면으로 생각할 수 있다. 비단과 은,
부채와 촛불은 묘미 있는 대장이다. 구체적인 분석은 다음과 같다.

紈(명사형형용사)/扇(명사)/圓(부사)/絜(형용동사)

銀(명사형형용사)/燭(명사)/煒(부사)/煌(형용동사)

혈(絜)은 결(潔)의 이체자로 천자문 중에서 제41구 여모정결(女慕貞潔)
의 결과 유일하게 중복되었다고 주장되는 운자이다. 그래서 여모정결을
여모정렬(女慕貞烈)로 쓰기도 하나, 부적절하다는 것은 잘 알려진 사실
이다. 혈은 재다, 헤아리다, 고려하다의 뜻이므로, 분석에서 알 수 있듯이
두 구의 구성에 더욱 알맞은 운자이다. 일단 혈로 풀이해 둔다. 곱자로써
재단하는 것을 혈구(絜矩)라고 하는 것도 이와 같다.

물들이지 않은 생사 비단을 견(絹)이라 하며, 제(齊) 지방에서 생산된 비단은 특히 유명하여 환(紈)이라 한다. 고대에는 귀족 자제를 환고자제(紈袴子弟)라고도 불렀다. 고량자제(膏粱子弟), 화화공자(花花公子)도 비슷한 말이다. 약간 부정적인 의미다. 반대말로는 한문귀자(寒門貴子)가 쓰인다.

환선은 부잣집 여인들이 사용하는 희고도 둥근 비단부채를 가리킨다. 부채에는 시구나 그림으로 장식한다. 대장을 모아놓은 명대 사수겸(司守謙, 생졸미상)의 《훈몽변구》에서는 환선으로 다음과 같이 대장했다.

合愁班女題紈扇 근심 품은 반첩여는 괴로운 심정을 비단부채에 쓰고
함 수 반 녀 제 환 선
行樂王維赴鹿柴 행락의 왕유는 나무 울타리를 두른 별장으로 달려가네.
행 락 왕 유 부 녹 시

견(絹), 주(綢), 단(緞)을 통틀어 비단이라 부르지만 약간의 차이가 있다. 견은 물들이지 않은 하얀 상태의 비단이어서, 여인의 정절에 종종 비유된다. 조밀하게 짜서 물들인 비단을 금백(錦帛)이라 하며, 그중에서 얇은 것을 주, 두꺼운 것을 단이라 한다.

상고 시대에는 초가 아직 발명되지 않아서 밤을 밝히는 도구는 횃불이었다. 촛불은 당대 이후부터 성행되었다. 봉랍, 밀랍, 소랍 등으로 불리는데, 소랍이 바로 납촉(蠟燭)이다. 얼굴이 하얗게 질린 모습을 납백(蠟白)이라 한다. 은촉은 은촛대의 촛불이 아니라 촛불의 미칭으로 주로 금준(金樽)에 대장된다. 당대 진자앙(陳子昻 661~702)의 〈춘야별우인(春夜別友人)〉은 회자된다.

銀燭吐青烟 은 촛불은 푸른 연기를 토해내고
은 촉 토 청 연
金樽對綺筵 금 술잔은 성대한 술자리를 마주하네.
금 준 대 기 연

離堂思琴瑟 이별의 집에서는 우정을 생각하고
이 당 사 금 슬

別路繞山川 이별 길은 산천을 에둘렀네.
별 로 요 산 천

明月隱高樹 명월은 큰 나무에 가렸고
명 월 은 고 수

長河沒曉天 은하수는 새벽하늘에서 사라졌네.
장 하 몰 효 천

悠悠洛陽道 저 머나먼 낙양의 길
유 유 낙 양 도

此會在何年 이 만남 또 어느 해에 있겠는가!
차 회 재 하 년

제211·212구 晝眠夕寐 藍笋象牀

zhòu mián xī mèi   lán sǔn xiàng chuáng

낮잠(晝眠)이나 밤잠(夕寐)을 잘 때는
푸른 대껍질(藍笋)이나 상아(象牙) 침상(寢牀)을 사용한다네

晝(낮 주: 낮), 眠(잘 면: 휴식하다), 夕(저녁 석: 저녁. 밤), 寐(잘 매: 자다)
藍[쪽 람: 쪽(마디풀과의 한해살이풀). 남빛], 笋(죽순 순: 죽순. 대껍질), 象(코끼리 상: 상아. 형상), 牀(평상 상: 침상)

두 구 역시 표면적으로는 귀족이나 부호의 일상생활처럼 생각되지만, 상주문과 관련지어 생각해 보면 제왕의 한가한 일상을 표현했다고 볼 수 있다. 제왕이 한가하게 낮잠을 자서는 안 되므로 은연중에 충간의 뜻을 나타낸다. 대장의 분석은 다음과 같다.

晝(명사형형용사)/眠(명사)/夕(명사형형용사)/寐(명사)
藍(형용사)/笋(명사)/象(명사형형용사)/牀(명사)

주와 남은 완전히 일치하는 대장은 아니지만, 종종 나타난다. 우리말로는 당연한 것 같지만 주면과 남순, 석매와 상상은 주어와 동사 형식으로 구성된 묘미 있는 대장이다. 즉, 낮잠에는 푸른 대껍질을 깐 침구를 이용하고, 밤잠에는 상아 침대를 이용한다는 구성을 이와 같은 방식으로 나타낸 것이다. 주면남순, 석매상상으로 나타내어도 되겠지만, 남과 상, 순과 상은 어색한 대장이므로 위와 같이 구성되었다. 위의 구와는 약간 다

른 의미이지만 봄 새벽을 노래한 맹호연(孟浩然 689~740)의 〈춘효(春曉)〉
는 편안한 봄잠으로 회자된다.

春眠不覺曉 봄밤에 잠 깊어 새벽 온 줄을 몰랐는데
춘 면 불 각 효
處處聞啼鳥 곳곳에서 새 우는 소리 들리네.
처 처 문 제 조
夜來風雨聲 밤새 비바람 소리에
야 래 풍 우 성
花落知多少 떨어진 꽃잎 그 얼마일까!
화 락 지 다 소

현 가 주 연 접 배 거 상
弦歌酒讌 接杯擧觴
xián gē jiǔ yàn jié bēi jǔ shāng

노래(歌)를 연주(弦)하며 연회(讌會)에서 술 마시며(酒)

술잔(杯)을 접촉(接觸)하고 또다시 술잔(觴)을 드네(擧)

弦(활시위 현: 악기 줄. 현악기를 타다), 歌(노래 가: 노래), 酒[술 주: 주연(酒宴)],
讌(잔치 연: 술자리)

接(이을 접: 접촉하다), 杯(잔 배: 술잔), 擧(들 거: 들다), 觴(잔 상: 잔)

비슷한 운자를 반복시켜 연회의 즐거움을 강조하는 구성으로 볼 수도 있지만, 약간의 중복이다. 100자도 남지 않은 운자로 압운까지 고려하다 보니, 더욱 어려움을 느꼈으리라고 짐작된다. 주는 동사로 쓰였다. 성대한 연회를 열어 즐기는 모습이지만 두 구 역시 충간의 함의를 나타내기 위한 구로 보아야 한다. 독립된 구로만 본다면 이러한 상황에 맞는 작품은 조조(曹操 155~220)의 〈단가행(短歌行)〉 첫 부분이 회자된다.

對酒當歌 술 대하고 노래하나니
대 주 당 가
人生幾何 인생 그 얼마이겠는가!
인 생 기 하
譬如朝露 단지 아침이슬에 비유될 수 있는데도
비 여 조 로
去日苦多 지난날 괴로움은 그 얼마나 많았던가!
거 일 고 다
慨當以慷 격앙하고 격앙하나니
개 당 이 강
憂思難忘 근심스러운 생각 잊기 어렵네.
우 사 난 망
何以解憂 무엇으로 이 근심을 풀겠는가!
하 이 해 우

惟有杜康 오직 두강이 발명한 술일 뿐이네.
유 유 두 강

고대의 주기 명칭은 다음과 같다. 준(尊)은 술그릇의 통칭이다. 술잔의 뜻보다는 술을 담는 통의 의미가 강하다. 입구가 넓은 것, 목이 긴 것, 밑 부분에 테두리가 있는 것 등으로 구분된다. 술통에는 주로 동물의 형상을 장식한다. 호(壺)는 목이 긴 것, 배가 볼록한 것, 밑 부분이 둥근 것이 있다. 술만 담는 용도가 아니라, 물도 담으며, 백성들이 군대를 환영하기 위해, 소쿠리 밥과 항아리 국을 뜻하는 단사호장(簞食壺漿)이란 말이 생겨났다. 《맹자·양혜왕》에 근거한다. 작(爵)은 술잔의 총칭이다. 술을 데울 수 있도록 세 발이 달려 있다.

각(角)은 술 담는 그릇이 술잔으로 변한 경우이다. 입구는 뾰족한 뿔 모양이다. 각은 술그릇으로 술을 데우는 데 사용하기도 하고, 술잔으로 사용되기도 했으며, 동시에 술의 양을 재는 기구이기도 했다. 굉(觥)은 술그릇과 잔을 겸했다. 굉은 벌주를 마시는 데 주로 이용되었다. 배(杯)는 타원형 술잔으로, 국이나 물을 담는 그릇으로도 이용되었다. 배의 원료는 옥, 동, 은, 자기 등이며, 작은 배를 잔(盞) 또는 충(盅)이라 한다.

치(卮)는 원통형으로 손으로 잡을 수 있는 것과 작은 세 발이 달린 술그릇이다. 이(彝), 유(卣), 뢰(罍), 부(瓿)는 모두 술을 담는 큰 그릇이다. 두(豆)는 밑굽이 높은 원형 술그릇으로 뚜껑이 있는 것도 있고 없는 것도 있다. 원래 고기와 채소를 담는 중요한 그릇으로 술을 담는 데도 이용되었다. 가(斝)는 산(散)이라고도 하며, 작과 비슷하지만, 작보다는 크고, 술을 데우거나 잔으로도 쓰인다.

화(盉)는 물로 술을 희석하는 기구이다. 고대에는 대전례를 거행할 때, 술을 마시면 반드시 잔을 비워야 했다. 이때 술을 마시지 못하는 사람은 물을 잔에 부어 분위기를 맞추는데 이를 현주(玄酒)라고 한다. 제주(祭酒)가 없을 때 이용하기도 한다.

유명한 술잔이나 술그릇으로는 사양방존(四羊方尊), 천고(天觚), 조문작(鳥紋爵), 신조녕각(晨肇寧角), 도색용문호(綯索龍紋壺), 봉주가(鳳柱斝), 동빙감(銅冰鑑), 용문광(龍紋觥) 등이 전한다.

矯手頓足 悅豫且康
_{교 수 돈 족 열 예 저 강}
jiǎo shǒu dùn zú   yuè yù qiě kāng

(전별시) 손(手)을 바로잡고(矯) 발(足)을 잠시 멈추어(頓)
참여(豫)를 기뻐하며(悅) 강녕(康寧)의 말로 공경하네(且)

矯(바로잡을 교: 바로잡다. 들다. 쳐들다), 手(손 수: 손. 솜씨), 頓(조아릴 돈: 조아리다. 가지런히 하다. 좀 쉬다), 足(발 족: 발)
悅(기쁠 열: 기뻐하다), 豫(미리 예: 미리. 즐거움. 참여), 且(또 차, 공경스러울 저: 또한. 공경하다), 康(편안 강: 편안하다. 칭송하다)

독립된 구로만 본다면, 손을 들고 발을 구부려 춤추니, 기쁘고도 편안하다고 풀이될 수 있다. 그러나 앞부분과 연계시켜 생각하면 이러한 풀이는 어색할 뿐이다. 드물게 쓰이지만, '예'에는 참여, '且'에는 올린다, 공경하다는 뜻도 있다. 두 구는 《시경 · 유객(有客)》에서 근거를 찾을 수 있다. 주왕이 폭군 주왕(紂王)을 정벌하고, 미자계(微子啓)를 송나라에 봉하면서 주연을 베푼 후 전별할 때 부른 노래로 알려져 있다. 미자계는 주왕의 형으로 주나라 종묘에 알현하여 항복을 표시했으므로, 주왕은 그를 빈객으로 모신 것이다. 해당 구절은 다음과 같다.

有客有客 빈객이여! 빈객이여!
_{유 객 유 객}
亦白其馬 그 순수하고도 아름다운 마음이여!
_{역 백 기 마}
有萋有且 그 뜻은 아름답고도 공경할 만하니
_{유 처 유 차}
敦琢其旅 현인들이 송나라의 대부로 동행하네.
_{돈 탁 기 려}

빈객을 맞은 주인이 성대한 잔치를 베푼 다음, 전별할 때의 모습을 나타내었다. 연회에 참석해 주어서 감사하며, 먼 길에 부디 건강하고 안녕하시라는 덕담이다. 군주가 아끼는 신하를 먼 지방으로 봉하고 잔치를 베푼 후, 전별의 말로도 손색이 없다. 이 시에서의 강녕은 빈객이 군주에게 향한 감사가 아니라 군주가 먼 길을 떠나는 빈객을 향한 감사 인사이다. 그러나 두 구는 초대받은 신하가 제왕의 강녕을 축원하는 말로도 볼 수 있다. 제215구부터 상주문의 형식으로 나타내면 다음과 같다.

弦歌酒讌 빈객 불러 성대한 연희를 열어
接杯擧觴 술잔을 부딪치며 거듭 건배합니다.
矯手頓足 전별시에 빈객은 자세를 가다듬어
悅豫且康 참석에 기쁘며 강녕하시라고 말합니다.

嫡後嗣續 祭祀烝嘗

적 후 사 속 제 사 증 상

dí hòu sì xù jì sì zhēng cháng

적자(嫡子)의 후사(後嗣)가 계속(繼續)되어야 하니
제사(祭祀)는 겨울 제사(烝)도, 가을 제사(嘗)도 지낼 것이네

嫡(정실 적: 정실. 본처. 맏아들), 後(뒤 후: 뒤. 곁), 嗣(이을 사: 계승하다), 續(이을
속: 계속하다)
祭(제사 제: 제사), 祀(제사 사: 제사), 烝(김 오를 증: 김이 오르다. 희생물을 올리
다), 嘗(맛볼 상: 맛보다)

단순히 적자 계승의 원칙을 지킬 수 있도록 힘써야 함을 강조했다고도
볼 수 있지만, 당시 양나라 소명태자를 위하는 말로도 추측할 수 있다.
본처의 소생을 적(嫡)이라 하고 오직 한 사람만 뜻한다. 첩의 소생을 서
(庶)라 하며, 많다는 뜻도 있다. 자식이 제아무리 많아도 제사를 이을 사
람은 오직 한 사람인 적자뿐이라는 봉건 시대의 개념이다.

봄에 지내는 제사를 사(祠), 여름에 지내는 제사를 약(禴), 가을에 지내
는 제사를 상(嘗), 겨울에 지내는 제사를 증(烝)이라 한다. 본의대로라면
제사증상은 가을에 지내는 제사를 상이라 하고, 겨울에 지내는 제사를
증이라 한다고 풀이해야 한다. 그러나 제물은 혼백이 흠향하기를 바라는
의미에서 올리는 것이므로, 증과 상을 현대적 의미로 풀이하여 제사에서
의 혼백은 제물에서 김이 오르면 품상할 것이라고 풀이해도 어긋나지 않
는다.

가을, 겨울의 순서대로라면 상증(嘗烝)으로 써야 하지만, 상이 압운 자

이므로 증상으로 안배되었다. 이 구의 구성 근거는 《시경·천보(天保)》를 들 수 있다. 천보는 하늘이 보호하다는 뜻으로, 신하가 군주의 통치를 찬양하는 내용이다. 해당 부분은 다음과 같다.

吉蠲爲饎 길일에 목욕재계하고 제수를 준비하며
길 견 위 희
是用孝享 이로써 경건하게 제사를 지내네.
시 용 효 향
禴祠烝嘗 봄 여름 가을 겨울 제사
약 사 증 상
於公先王 주나라 창시자인 선공(先公)과 선왕에게 지낸다네.
우 공 선 왕
君曰卜爾 두 신령이 그대에게 준다고 말하려는 뜻은
군 왈 복 이
万壽無疆 만수무강이라네.
만 수 무 강

稽顙再拜 悚懼恐惶

qǐ sǎng zài bài　sǒng jù kǒng huáng

제사를 지낼 때는 이마(顙)를 조아리며(稽) 재배(再拜)하고

제물이나 정성이 부족할까 송구(悚懼)해 하고, 황공(惶恐)해 할 것이네

稽(상고할 계: 상고하다. 조아리다), 顙(이마 상: 이마), 再(두 재: 두 번. 재차), 拜(절 배: 절하다)

悚(두려울 송: 송구스럽다), 懼(두려워할 구: 두려워하다), 恐(두려울 공: 두려워하다), 惶(두려울 황: 황공해 하다)

적자가 후사를 이어서 제사를 지내야만 이처럼 정성스럽게 제사 지낼 것이라는 뜻이다. 계상은 무릎을 구부리고 이마를 조아리는 절로써 지극한 경건의 표시이다. 우리의 전통 절의 방식과 비슷하다. 《예기·사의(射義)》에 근거한다. 사의는 활을 쏠 때의 올바른 법도라는 뜻이다.

"옛날에 제후가 활을 쏠 때는 반드시 먼저 연례(燕禮)를 거행했다. 공경(公卿)과 대부와 선비의 활쏘기에는 향음주례를 거행했다. 왜냐하면 연례는 군주와 신하 사이의 올바른 법도를 밝히는 일이며, 향음주례는 장유의 질서를 밝히는 일이기 때문이다."

이 연례가 바로 재배의 뜻에 해당한다. 예를 행할 때, 신하가 당 아래서 재배하며 머리를 조아리고, 계단으로 올라가 다시 절하면, 군주는 답배하는 방식이다. 또한 고대에는 3년마다 제후의 향대부가 군주에게 현사

를 추천하면, 이 현사는 빈객으로 대접받는데, 이를 향음주례라고 한다. 향대부는 한 고을을 관장하는 관직명으로 향음주례는 향대부가 추천하여 이루어진 연회이기 때문에 붙은 명칭이다. 공황은 황공으로 쓰면 더 자연스럽지만, 황이 압운 자이므로 공황으로 쓴 것이다.

제217구부터 상주문의 형식으로 나타내면 다음과 같다.

嫡後嗣續 적자의 후사가 계속되어야 하니
祭祀烝嘗 제사에 김 올라 혼백은 품상할 수 있을 것입니다.
稽顙再拜 적자의 후손은 이마를 조아리며 재배하고
悚懼恐惶 제물이나 정성이 부족할까 황공해 할 것입니다.

牋牒簡要 顧答審詳

전 첩 간 요 고 답 심 상

jiān dié jiǎn yào   gù dá shěn xiáng

서신(牒)을 쓸 때는(牋) 간요(簡要)해야 하고
답(答)을 돌아볼 때는(顧) 자세해야(審詳) 한다네

牋(기록할 전: 기록하다. 글. 문서), 牒(편지 첩: 서찰. 문서), 簡(간략할 간: 대쪽.
편지. 간략하다), 要(요긴할 요: 요약하다)
顧(돌아볼 고: 돌아보다), 答(대답 답: 대답. 회답), 審(살필 심: 자세히 밝히다), 詳
(자세할 상: 자세하다. 상세하다)

독립된 구로 생각하면 서신은 간요해야 하고 회답은 상세해야 한다는
뜻에 지나지 않는다. 그러나 앞부분과 연계하면, 무제의 명령에 대한 주
흥사의 답이라고 할 수 있다. 즉, 주어진 1,000자로 그 뜻을 간요하고도
명확하게 나타내라고 명령했는데, 능력이 부족하여 자질구레하게 천자문
이 구성되었다는 주흥사의 겸손으로도 볼 수 있다. 그래야만 상주문의
내용이 수미일관된다. 전첩은 서신의 별칭이다. 전은 편지지 또는 간단한
쪽지의 뜻이다. 첩은 목편 혹은 죽간을 가리키며, 그중에서도 작은 것 또
는 얇은 것을 첩, 큰 것을 책(册)이라 하며 두꺼운 것을 독(牘)이라 한다.
대장의 분석은 다음과 같다.

牋(동사)/牒(목적어)/簡要(동사)
顧(동사)/答(목적어)/審詳(동사)

제223·224구 骸垢想浴 執熱願凉

hái gòu xiǎng yù   zhí rè yuàn liáng

몸(骸)이 더러워지면(垢) 목욕(沐浴)을 상상(想像)하듯이
집필(執筆)이 가열되면(熱) 맑은 술(凉)을 원하네(願)

骸(뼈 해: 백골. 신체), 垢(때 구: 더럽다), 想(생각 상: 생각하다), 浴(목욕할 욕: 목욕하다)
執(잡을 집: 처리하다. 집착. 집무), 熱(더울 열: 덥다. 흥분하다. 친밀해지다), 願(원할 원: 바라다), 凉(서늘할 량: 서늘하다. 맑은 술. 근심)

두 구는 약간 사족처럼 느껴진다. 해(骸)는 어색하다. 신, 체, 궁이 더욱 알맞지만 신은 제37구 개차신발(蓋此身髮), 체는 제31구 하이일체(遐邇 壹体), 궁은 제177구 선궁기계(省躬譏誡)에서 사용되었다. 일반적으로 몸에 때가 끼면 목욕을 생각하고, 뜨거운 것을 집으면 서늘해지기를 원한다고 풀이되지만, 이러한 풀이는 대장이 이루어지지 않는다. 또한 뜨거운 것을 잡으면 시원해지기를 원한다는 우리말로도 어색하다. 뜨거운 것을 잡으면 빨리 손을 떼어야 한다든가 빨리 식혀야 한다고 표현해야 한다.

'執'에는 집착, 집무의 뜻이 있다. 이 구에서는 집필의 뜻으로 보는 것이 가장 타당할 것이다. 원은 필요로 하다의 뜻과 같다. 양에는 맑은 술이란 뜻도 있다. 술로 보아야 목욕과 동일한 품사로 대장된다. '熱'을 친밀하다는 뜻으로 보면 집필이 잘되니 맑은 술을 원하게 된다는 풀이도 가능하다. 대장의 분석은 다음과 같다.

骸(신체, 명사)/垢(동사)/想(동사)/浴(목적어)

執(정신, 명사)/熱(동사)/願(동사)/凉(목적어)

두 구에서 전하려는 함의와는 그다지 관계가 없지만, 백거이의 고체시 〈목욕(沐浴)〉은 회자되므로 소개하면 다음과 같다.

經年不沐浴 해 지나도록 목욕하지 못해
경 년 불 목 욕

塵垢満肌肤 때가 온몸에 가득하네.
진 구 만 기 부

今朝一澡濯 오늘 아침 한 번 씻어도
금 조 일 조 탁

衰瘦頗有餘 노쇠한 모습만 자못 남았네.
쇠 수 파 유 여

老色頭鬢白 늙은 기색에 머리털은 하얘졌고
노 색 두 빈 백

病形支体虚 병세에 사지는 허약해졌네.
병 형 지 체 허

衣寬有剩帯 옷은 몸에 헐거워져 허리띠를 남기고
의 관 유 잉 대

髮少不勝梳 머리숱은 적어져 빗을 이기지 못하네.
발 소 불 성 소

自問今年幾 금년에 몇 살인지 자문해 보니
자 문 금 년 기

春秋四十初 봄 가을 40번 보낸 초반이라네.
춘 추 사 십 초

四十已如此 사십에 이미 이러한데
사 십 이 여 차

七十復何知 칠십에는 또다시 어찌 될지 알겠는가!
칠 십 부 하 지

제225·226구 驢騾犢特 駭躍超驤

lǘ luó dú tè hài yuè chāo xiāng

당나귀(驢馬)와 노새(騾子)와 송아지(犢牛)나 수소(特牛) 등은
놀라(駭) 도약(跳躍)하거나 마구간을 넘어(超) 뛰어(驤) 달아날 수 있다네

驢(당나귀 려: 당나귀), 騾(노새 라: 노새), 犢(송아지 독: 송아지), 特(특별할 특, 수컷 특: 특별하다. 수컷. 수소. 수말)

駭(놀랄 해: 놀라다), 躍(뛸 약: 뛰다. 뛰어오르다), 超(뛰어넘을 초: 뛰어넘다. 뛰어나다), 驤(머리 들 양: 머리를 들다. 뛰다)

　표면적으로는 단순한 사실의 표현에 불과하여 가치 낮은 구성처럼 보이지만, 두 구는 제228구 포획반망(捕獲叛亡)까지 관련된다. 당나귀를 비롯한 가축은 소중하므로 조심스럽게 다루어야 하듯이, 백성도 이와 마찬가지로 소중히 여겨야 한다는 뜻으로 구성되었다. 두 구는 주어와 동사 관계로 대장되었다. 즉 당나귀는 놀라고, 노새는 도약하며, 송아지는 뛰어넘고, 수컷은 뛴다는 구성이다. 양이 마지막에 안배된 것은 압운 때문이다. 또한 하나의 짐승에 아래 구가 모두 해당되는 형식이기도 하다. 즉, 당나귀는 놀라면 도약하거나 마구간을 뛰어넘거나 뛰쳐나간다고 풀이할 수도 있다.
　당대 왕범지(王梵志, 생졸년불상)는 〈타인기대마(他人騎大馬)〉에서 나귀 탄 심정을 다음과 같이 노래했다.

他人騎大馬 타인은 큰 말을 타고 다니는데
타 인 기 대 마

我獨跨驢子 나 홀로 나귀를 타네.
아 독 과 려 자

回顧担柴漢 고개 돌려 나뭇짐 진 사나이를 바라보니
회 고 단 시 한

心下較些子 실의의 마음은 나보다 더할 것이네.
심 하 교 사 자

노새에 관해서는 송대 도사 나도성(羅道成 생졸년미상)의 〈투곽주부 (投郭主簿)〉가 회자된다. 투는 보내다, 주부는 관직 명칭이다.

白騾代步若奔雲 흰 노새가 걸음을 대신하면 구름처럼 내달리니
백 라 대 보 약 분 운

閑人所至留詩迹 한가한 사람은 이르는 곳마다 시 흔적을 남기네.
한 인 소 지 류 시 적

欲知名姓問源流 이름을 알고 싶어 어디서 왔느냐는 물음에
욕 지 명 성 문 원 류

請看郴陽山下石 임양산 아래의 돌에 새겨진 신선 보기를 청하네.
청 간 침 양 산 하 석

당대 시인 이하(李賀 790~약 817)는 〈마(馬)〉 23수를 남겼다. 그중에서 회재불우의 처지를 의탁한 제5수가 회자된다.

大漠沙如雪 대사막은 눈과 같고
대 막 사 여 설

燕山月似鉤 연산의 달은 갈고리를 닮았네.
연 산 월 사 구

何當金絡腦 어느 때 황금 줄로 말머리를 묶어
하 당 금 락 뇌

快走踏清秋 쾌주하며 맑은 가을을 밟겠는가!
쾌 주 답 청 추

소에 관해서는 송대 명신 이강(李綱 1083~1140)의 〈병우(病牛)〉가 회자 된다.

耕犁千畝實千箱 쟁기로 간 천이랑에서 천 곳간을 채우지만
경 리 천 무 실 천 상

力盡筋疲誰復傷 기진맥진해지자 누가 더 이상 근심하는가!
역 진 근 피 수 부 상

但得衆生皆得飽 중생들은 모두 다 오직 배부름만 얻으려 하니
단 득 중 생 개 득 포

不辭羸病臥殘陽 병들어 석양에 누우려 해도 거절할 수 없네.
불 사 리 병 와 잔 양

誅斬賊盜 捕獲叛亡

주 참 적 도 포 획 반 망

zhū zhǎn zéi dào bǔ huò pàn wáng

역적(逆賊)과 강도(强盜)를 주살(誅殺)하고 참수(斬首)하며

배반(背叛)자와 도망(逃亡)자를 나포(拿捕)하고 포획(捕獲)한다네

誅(벨 주: 베다. 꾸짖다), 斬(벨 참: 베다), 賊(도둑 적: 도둑. 역적), 盜(도둑 도: 도둑)

捕(잡을 포: 붙잡다), 獲(얻을 획: 붙잡다), 叛(배반할 반: 배반하다), 亡(망할 망: 도망하다)

두 구는 앞부분과 연계하면 그 뜻이 명확해지므로 사언절구로 나타내면 다음과 같다.

驢騾犢特 당나귀와 노새와 송아지와 수소는 소중한 가축으로

駭躍超驤 잘 살펴야 하듯이 백성의 보호도 마찬가지입니다.

誅斬賊盜 역적과 강도를 주살하고 참수해야 하며

捕獲叛亡 배반자와 도망자를 나포하고 포획해야 할 것입니다.

북송 대신 장뢰(張耒 1054~1114)의 고체시 〈팔도(八盜)〉는 회자된다. 강도를 주살하고 포획하는 장면은 다음과 같다.

洛陽大牓如匹帛 낙양 거리 큼지막한 공고문은 비단과 같으니
낙 양 대 방 여 필 백

一百万錢賞能獲 일백만 전의 상을 획득할 수 있다네.
일 백 만 전 상 능 획

一朝兩卒扣吾門 하루아침 두 병졸이 내 문을 두드려
일 조 양 졸 구 오 문

自言有密人不聞 염탐꾼이 듣지 못하도록 중얼거리네.
자언유밀인불문

我知小鼠群偸地 우리는 쥐새끼들이 숨은 장소를 알고 있습니다.
아지소서군투지

二盜今居洛之涘 두 놈의 강도는 지금 낙양 강가에 거주합니다.
이도금거낙지사

立呼吏兵給戈弩 곧바로 관병 불러 창과 쇠뇌를 공급하고
입호이병급과노

期以朝擒夜馳去 아침에 잡기로 약속하고 밤새 달려갔다네.
기이조금야치거

可憐鼠子不知逃 가련한 쥐새끼는 도망갈 줄을 모르고
가련서자부지도

猶復持矛起相拒 오히려 창을 쥐고 일어나 상대방에게 항거했네.
유부지모기상거

一士揮刀身首離 한 병사가 칼 휘두르자 몸과 머리 분리되고
일사휘도신수리

復取傍盜如携兒 다시 옆의 강도를 취할 때는 아이 이끄는 것과 같았네.
부취방도여휴아

八夫獲二亡其六 8명의 사내 중에 두 놈은 포획하고 6명은 죽었으며
팔부획이망기육

盡取党人付諸獄 협조한 마을 사람들은 모조리 잡아 하옥시켰다네.
진취당인부제옥

제229·230구 布射僚丸 嵇琴阮嘯

포 사 료 환 혜 금 완 소

bù shè liáo wán jī qín ruǎn xiào

여포(呂布)의 활쏘기(射) 재주와 웅의료(熊宜僚)의 구슬(丸) 묘기여!
혜강(嵇康)의 거문고(琴) 연주와 완적(阮籍)의 휘파람(嘯) 신기여!

布(베 포: 베), 射(쏠 사: 쏘다), 僚(동료 료: 동료), 丸(둥글 환: 탄환)
嵇(산 이름 혜: 산 이름), 琴(거문고 금: 거문고. 거문고를 타다), 阮(성씨 완: 성의
하나), 嘯(휘파람 불 소: 휘파람을 불다)

삼국 시대 여포는 활쏘기에 능했고, 초나라 웅의료는 구슬을 능숙하게
다루었으며, 서진의 명사 혜강은 거문고 연주의 명인이었고, 위나라 완적
은 휘파람을 잘 불었다고 풀이할 수 있다.

여포(?~199)는 동한 말기 군웅의 한 사람이다. 포사는 여포원문사극(呂
布轅門射戟)의 준말이다. 삼국 시대 때 유비와 원술은 사이가 좋지 못했
다. 건안원년(建安元年 196)에 원술은 부하 기령에게 삼만 명의 군사를
주어 유비를 공격하게 했다. 대적할 수 없었던 유비는 여포에게 도움을
청했으며, 여포는 관여할 상황에 놓이게 되었다. 이리하여 기령을 진영으
로 불러 다음과 같이 말했다.

"유비는 나의 형제다. 그의 일에 관여하지 않을 수 없다. 다만 나는 이
유 없이 서로가 서로를 죽이는 일은 반대하니, 쌍방의 화해를 권한다."

말을 마친 그는 자신의 무기인 긴 창을 멀찍이 떨어진 군영의 문에 꽂
게 하고, 사람들을 둘러보며 말했다. "내가 만약 창끝에 붙은 칼인 월아지

(月牙支)를 명중시키면, 쌍방은 화해해야 한다. 그렇게 하지 않으면 나와 함께 나갈 수 없다. 만약 적중시키지 못한다면, 나는 당신들의 일에는 관여하지 않을 것이다." 말을 마친 그는 곧바로 활을 당겨 창끝의 월아지를 명중시켰다. 박수갈채가 쏟아지는 가운데, 기령은 마지못해 떠날 수밖에 없었다.

의료(宜僚)는 초나라 용사 웅의료(熊宜僚)를 가리킨다. 초나라 장왕이 송나라 수도를 공격할 때, 시장의 남쪽에서 용사 웅의료를 얻었는데, 구슬의 묘기에 군사들이 감탄했다. 초나라 군대가 송나라 도성을 포위했지만, 오랫동안 성을 공격할 수 없었다. 이때 웅의료가 양 군대 진영 사이에서 구슬을 돌리는 절묘한 연기를 선보이자, 송나라 군대의 장군과 병사들은 모두 얼이 빠져 바라보았다. 이때를 놓치지 않고 초나라 군대가 순식간에 기습함으로써 송나라 군대는 대패했다. 원대 무명씨의 《환경(丸經)》에 근거한다.

혜강(嵇康 224~263)은 삼국 시대 죽림칠현의 한 사람으로 문학가이자 거문고의 달인으로, 〈광릉산(廣陵散)〉의 연주에 능했다. 〈광릉산〉은 중국 역사상 유명한 대형 〈금곡(琴曲)〉이다. 혜강은 당시 권력자인 사마씨(司馬氏)를 매우 싫어하여 취하면 언제나 사마씨를 비방했다. 화가 난 사마씨가 그를 죽이기 위해 붙잡아왔으나, 그는 조금도 두려워하지 않고, 다만 죽임을 당하기 전에 〈광릉산〉을 연주하게 해 달라고 요청했다. 당시 삼천 명의 태학생이 이 명곡을 배우게 해 달라고 상소를 올렸으나, 조정에서는 거절했던 참이었다. 연주를 마친 혜강은 탄식하며 말했다. "관원 원효니가 일찍이 이 곡의 연주법을 가르쳐 달라고 했는데, 나는 아직까지 그에게 전수하지 못했다. 내가 죽고 나면, 이 곡의 연주는 단절될 것이다."

후일 어떤 도둑이 동한 시대 채옹(蔡邕 133~192)의 묘를 도굴했는데, 〈광릉산〉의 악보가 발견되었다고 해서 연주해 보니, 그 절향의 울림이 아닌 가짜 악보로 밝혀졌다는 이야기가 전한다.

완적(210~263) 역시 죽림칠현의 한사람이다. 보병 교위 완적은 긴 휘파람을 불면, 그 소리가 오 리까지 들릴 정도였다. 소문산 속에는 득도한 도사가 있다는 소리를 듣고 찾아갔는데, 마침 도사는 바위 위에서 좌선 중이었다. 도사를 마주한 완적은 상고 시대의 황제, 신농씨의 현묘한 주장과 하, 은, 주 삼대의 미덕에 대해 자신의 주장을 펼치며, 도사에게 의견을 구했으나, 도사는 아무런 응대를 하지 않았다. 이에 완적은 주제를 바꾸어 유가의 도덕예교와 도가의 좌선 방법 등에 대해 자신의 견해를 밝히면서 도사의 의견을 물었으나, 도사는 아무런 대꾸도 하지 않고 그를 물끄러미 바라만 볼 뿐이었다. 이에 그의 장기인 긴 휘파람을 불자, 비로소 도사는 빙그레 웃으며, 한 번 더 불기를 요청했다.

완적은 다시 한번 길게 휘파람을 분 후, 곧이어 산에서 내려왔다. 산허리를 반쯤 내려올 즈음, 우렁찬 휘파람 소리가 들려오기 시작했는데, 그 소리는 마치 여러 악기를 모아 합주를 하는 것처럼, 산골짜기를 메아리쳤다. 완적이 고개를 돌려서 바라보니, 바로 그 도사의 휘파람 소리였다. 《세설신어·서일(栖逸)》에 소문장소(蘇門長嘯)의 고사로 전해진다.

소는 단순한 휘파람이 아니라, 도가에서 기를 단련시키는 단전호흡의 한 방법이다. 소문장소는 세속초탈의 고매한 인품을 비유하는 말로 쓰이지만, 이 고사에서는 완적보다 도사의 인품이 더 돋보인다. 죽림칠현이란 말은 은자의 표상처럼 쓰이는 말이지만 내용만으로는 반드시 그러한지 의문이다. 완적은 영회(咏懷) 시 82수를 지었는데, 첫수인 〈야중불능매(夜中不能寐)〉가 회자된다.

夜中不能寐 한밤중인데도 잠들 수 없어
야 중 불 능 매

起坐彈鳴琴 일어나 앉아 거문고를 연주해 보네.
기 좌 탄 명 금

薄帷鑑明月 얇은 휘장 사이로 명월을 감상하니
박 유 감 명 월

清風吹我襟 청풍은 내 소매를 들추네.
청 풍 취 아 금

孤鴻號外野 외로운 기러기는 들판에서 슬피 울고
고 홍 호 외 야

翔鳥鳴北林 달빛에 나는 새는 북쪽 숲에서 슬피 우네.
상 조 명 북 림

徘徊將何見 배회한들 그 무엇을 볼 수 있을 것인가!
배 회 장 하 견

憂思獨傷心 근심스러운 생각만 더욱 근심스러워지네.
우 사 독 상 심

제231·232구 恬筆伦紙 鈞巧任釣

tián bǐ lún zhǐ jūn qiǎo rén diào

몽념(蒙恬)의 이리 털 붓(筆)과 채륜(蔡伦)의 종이(紙) 발명이여!
마균(馬鈞)의 발명 기교(技巧)와 임공자(任公子)의 대어낚시(釣)여!

恬(편안할 념: 편안하다), 筆(붓 필: 붓), 伦(인륜 륜: 인륜. 윤리), 紙(종이 지: 종이)
鈞[서른 근 균: 고르다. 녹로(轆轤: 달아 올리거나 끌어당길 때 쓰는 도르래)], 巧(공
교할 교: 재주. 기술), 任(맡길 임: 맡기다. 감내하다), 釣(낚을 조: 낚다. 낚시하다)

진나라 몽념 장군은 만리장성을 축조할 때 잡은 이리 털로 붓을 만들
었고, 동한의 채륜은 종이를 발명했으며, 삼국 시대 마균이 발명한 직릉
기나 녹로는 공교했으며《장자》에 소개된 임나라 공자의 낚시 이야기는
회자된다고 풀이할 수 있다.

염필은 몽념조필(蒙恬造筆)의 준말이다. 몽념(기원전 약 259~기원전
210)은 진시황 때의 대장군이다. 당시 그는 변경 지역에 주둔하면서 만리
장성을 축조할 때, 항상 군정을 진시황에게 보고해야만 했다. 당시에는
도필(刀筆)로써 죽간에 문자를 새겨 보내야 했으므로, 급변하는 정세를
이러한 방법으로 전하는 데는 한계가 있었다. 몽염은 흉노의 공격을 막으
면서 종종 이리를 사냥했는데, 이리 털로써 붓을 만들 생각을 해냈던 것
이다. 이러한 붓을 낭호모필(狼毫毛筆)이라고 한다. 당대 말기 마호(馬缟
?~936)의《중화고금주(中華古今注)》에는 다음과 같이 전한다.
"몽염이 진시황 때 붓을 만들었는데, 마른 나무와 죽관을 사용했다. 사

습 털을 붓 봉으로 삼은 다음, 양털로 덮었는데, 이를 창호(蒼毫)라 한다."

그러나 몽염이 붓을 발명했는지의 여부에 대해서는 견해가 일치하는 것은 아니며, 설이 분분하다.

채륜(蔡伦 ?~121)은 동한 시대의 환관이다. 그는 이전 사람들의 종이 만드는 방법을 총결하여 혁신적인 제조법을 발명했는데, 이를 채후지(蔡侯紙)라 한다. 나침반의 일종인 지남거(指南車), 화약, 인쇄술과 더불어 중국의 4대 발명품에 속한다.

마균(馬鈞 생졸년 불상)은 삼국 시대 위(魏)나라 발명가이다. 직릉기(織綾機)를 혁신적으로 개량하고, 용골수차(龍骨水車)를 발명하여 관개에 큰 공을 세웠으며, 상고 시대의 지남거(指南車)를 재현했다.

임공자(任公子)의 낚시 고사는 《장자·외물(外物)》에 근거한다. 임나라 공자가 거대한 낚싯바늘과 검은 낚싯줄을 만든 후, 50마리의 소를 미끼로 끼어, 회계산에 앉아 동해를 향해 낚싯줄을 던졌다. 매일 던졌지만, 1년이 지나도록 고기를 잡지 못했다. 그런데 마침내 대어가 이 먹이를 삼킨 채, 낚싯바늘을 물고 물속으로 끌고 들어갔다가 다시 수면으로 솟구쳐 지느러미를 흔들자, 산과 같은 파도가 일고, 바닷물이 격렬하게 요동쳤는데, 그 울림은 귀신의 소리와 같아서, 천 리 밖의 사람들까지 오싹하게 만들었다. 임공자는 잡은 대어를 조각내어 육포를 만들었다. 절강으로부터 동쪽, 창오로부터 북쪽에 사는 사람들 중에 이 육포를 배불리 맛보지 않은 사람이 없을 정도였다고 한다.

그들의 기교는 분란(紛亂)을 해결하여(釋) 세속(世俗)을 이롭게 했으니
모두(皆)를 아우른(竝) 훌륭한(佳) 묘기(妙技)였다네

釋(풀 석: 풀다. 해결하다), 紛(어지러울 분: 어지럽다. 번잡하다), 利(이로울 리: 이
롭게 하다), 俗(풍속 속: 세속)
竝(아우를 병: 합하다), 皆(다 개: 모두), 佳(아름다울 가: 아름답다. 훌륭하다), 妙
(묘할 묘: 오묘하다)

이러한 8인의 기예는 분분한 일을 풀어 세속에 이익을 가져왔으니, 아
울러보면, 모두 다 아름답고도 오묘한 능력을 갖췄다고 풀이할 수 있다.
여포를 비롯한 8인의 능력을 찬양한 구지만, 임공자의 포함은 어색하다.
임공자를 제외한 7인은 역사적 인물이지만, 임공자는 우화 속의 가공의
인물이기 때문이다.

毛施淑姿 工顰妍笑

모 시 숙 자 공 빈 연 소

máo shī shū zī gōng pín yán xiào

가녀린(毛) 서시(西施)의 정숙(貞淑)한 자태(姿態)

공교(工巧)한 눈살의 찌푸림(顰)도 농연(濃妍)한 웃음

毛(터럭 모: 털. 가늘다), 施(베풀 시: 베풀다), 淑(맑을 숙: 어질다. 아름답다), 姿(모양 자: 모양. 자태)

工(장인 공: 장인. 기교. 공교하다), 顰(찡그릴 빈: 눈살을 찌푸리다), 妍(고울 연: 우아하다), 笑(웃음 소: 웃음. 웃다)

숙(淑)보다는 미(美)가 더 어울리지만, 미는 제73구 독초성미(篤初誠美)에서 사용되었다. 두 구는 다음과 같이 대장된다.

毛(형용사)/施(사람)/淑(형용사)/姿(모습)

工(형용사)/顰(신체)/妍(형용사)/笑(모습)

두 구는 일반적으로 춘추 시대 모장(毛嬙)과 서시는 정숙한 자태로 이름났는데, 더욱이 서시는 마음이 병들자 눈살이 공교롭게 찌푸려져도 고운 웃음으로 오해받았다고 풀이된다. 그런데 모시를 모장과 서시로 풀이한다면 공빈연소는 서시에만 해당되고 모장과는 아무런 관계가 없으며, 대장이 제대로 이루어지지 않는다. 지금까지 문장 구성은 수미일관되었으므로, 모장에 대한 설명이 없다는 것은 이해하기 어렵다. 이러한 경우는 단장취의(斷章取義)로 보아야 한다. 원문의 의도와는 상관없이 자신

의 뜻에 맞게 타인의 문장을 잘라내어 인용하는 방법이다. 일반적인 풀이의 근거를 살펴보면 다음과 같다. 모장과 서시는 둘 다 춘추 시대의 미인이다. 《장자·제물론(齊物論)》에서는 다음과 같이 표현했다.

"모장과 서시는 사람들이 아름답다고 여긴다. 물고기가 보면 물속으로 숨어버리고, 새가 보면 높이 날아가 버린다."

그러나 장자의 속뜻은 미인의 칭찬에 있지 않다. '모장과 서시는 사람들이 아름답다고 여긴다. 그러나 (아름다움과는 관계없이) 물고기가 보면 놀라 물속으로 숨어버리고, 새가 보면 놀라 높이 날아 가버린다'라고 풀이해야 한다. 사물의 평가는 상대적이라는 것이 장자의 본의이다. 대의를 파악하지 않으면, 이처럼 본의를 왜곡할 수 있는 것이다.

물고기가 서시의 아름다움에 취해 헤엄치기를 잊었다는 이야기는 다른 고사에서 전한다. 《관자(管子)》에서 "모장과 서시는 천하의 미인이다(毛嬙西施, 天下之美人也)."라는 말 역시 미의 칭찬에 있는 것이 아니라, 원한의 기운이 가득하면, 아름다운 얼굴도 망가진다는 뜻에 중점이 있다.

미인을 형용하는 말에는 침어(沉魚), 낙안(落雁), 폐월(閉月), 수화(羞花)가 사용된다. 침어는 서시(西施), 낙안은 왕소군(王昭君), 폐월(闭月)은 초선(貂蟬), 수화는 양귀비(楊貴妃)의 별칭이다.
침어는 서시가 강가에서 빨래를 할 때, 그녀의 그림자가 물에 비치자, 그 모습을 본 물고기들이 헤엄치는 것을 잊고 점점 강바닥으로 가라앉았다는 이야기에 근거한다.
낙안은 한나라 원제(元帝)가 당시 강성한 세력을 가졌던 흉노와 화친하기 위해 흉노왕 선우(單于)에게 왕소군을 혼인시킨 일에서 유래한다. 깊은 가을, 북쪽으로 가는 도중, 말과 기러기 울음에 그녀의 마음 역시 찢어지는 듯했다. 심사를 달래기 위해 말 위에서 비파를 연주하자, 남쪽으로 날던 기러기가 거문고 소리에 내려앉았는데, 왕소군을 보자 날갯짓을 멈추었기 때문에 땅에 떨어져 버렸다.

폐월은 연환계(連環計)를 써서 동탁과 여포의 사이를 갈라놓은 초선을 가리킨다. 초선은 동한 헌제의 대신인 왕윤(王允)의 수양딸이다. 어느 날 후원에서 달을 감상하고 있을 때, 홀연 달이 구름에 가렸는데, 이 순간을 본 왕윤은 자기 딸이 달보다도 예뻐서 달이 구름 속으로 숨었다고 자랑했다. 《삼국연의(三國演義)》에 근거한다.

꽃을 부끄럽게 한 수화(羞花)의 이야기는 양귀비를 가리킨다. 양귀비의 본명은 옥환(玉环)이다. 입궁한 지 얼마 안 된 어느 날, 화원의 만개한 꽃을 감상하다가 처량한 생각이 들어 꽃을 어루만지며 말했다. "꽃이여! 꽃이여! 너는 해마다 이처럼 만개하는데, 나는 어느 때에 얼굴을 내밀 수 있을까!"

생각지도 않게 어루만져진 꽃은 부끄러운 것처럼 봉오리를 오므리고, 잎은 아래로 말렸다. 이 모습을 본 다른 궁녀가 "옥환은 꽃보다도 아름다워, 꽃들이 모두 부끄러워하며 고개를 숙인다."라고 소문을 내고 다녔다. 이로부터 수화의 별칭을 얻게 되었다. 침어낙안, 폐월수화의 형태로 대장되어 종종 인용된다. 〈사대미인음(四大美人吟)·연화(蓮花)〉에서 서시의 묘사는 다음과 같다.

辭藻欲表先無語 표현하려 해도 우선 말로서는 할 수 없으니
사 조 욕 표 선 무 어
丹青未著已失神 단청은 드러나기도 전에 그 빛을 잃었네.
단 청 미 저 이 실 신

水偷月貌錦鱗醉 물이 달을 엿보자 물고기들은 취했으며
수 투 월 모 금 린 취

風襲蛾眉天下顰 바람이 눈썹을 스치자 천하 여인들은 찡그린 모습을 흉내 냈네.
풍 습 아 미 천 하 빈

鶯聲壓却三軍鼓 꾀꼬리 소리는 적의 군주 녹여 삼군의 북소리를 물리쳤고
앵 성 압 각 삼 군 고

蜂腰舞動霸業根 벌 허리는 패업의 근원을 뒤흔들었네.
봉 요 무 동 패 업 근

一場大夢煙波里 한바탕 큰 꿈 꾼 후에 안개 속으로 사라지며
일 장 대 몽 연 파 리

淚洒珍珠照來人 눈물은 진주로 뿌려져 후인을 비추네.
누 쇄 진 주 조 래 인

공빈연소(工顰姸笑)는 《장자·천운(天運)》에 근거한다. 장자는 공자가 위(衛)나라를 유력하는 행위에 대해 안연이 태사(太師)인 금(金)과 나눈 이야기를 빌어 공자를 비판했다. 송나라 관리들이 의례를 연습하는 공자 일행을 쫓아내기 위해 나무를 자른 일과 위나라에서 미움받은 까닭은 강을 건널 때에는 배를 이용하고, 육지에서는 수레를 이용해야 하는 것처럼, 주나라의 의례를 노나라에 무조건 적용하는 것은 현실에 맞지 않는다는 것이 장자의 생각이다. 여섯 가지 비유가 근거로 사용되었으며, 효빈도 이러한 비유 중의 하나이다. 공빈은 효빈으로 구성되면 더욱 알맞겠지만 효는 제42구 남효재량(男效才良)에서 사용되었다. 태사가 말했다.

"그러므로 예의 법도는 시대의 흐름에 순응하여 변화해야 하는 법입니다. 지금 만약 원숭이를 데리고 와서 주공의 의복을 입히면, 원숭이는 이빨로 물어뜯고 갈기갈기 찢어서, 자신의 몸에서 떨어질 때까지는 만족하지 않을 것입니다. 고금의 다름을 살피는 일은 원숭이와 주공의 다름을 살피는 일과 같습니다.

그러한 까닭에 월나라 서시가 마음에 병이 들어, 가슴을 쓸기도 하고, 찡그리면서 마을을 돌아다니자, 마을의 추녀가 서시의 그러한 모습을 예쁘다고 생각하고 역시 가슴을 쓸기도 하고, 찡그리면서 마을을 돌아다녔

습니다. 그런데 그 마을의 부자는 그 모습을 보고, 대문을 굳게 잠그고, 아내의 외출을 허락하지 않았으며, 가난한 집의 장부는 추녀의 그러한 모습을 보고, 아내를 데리고 도망칠 정도였습니다. 그 추녀는 서시의 찡그린 얼굴이 아름답다는 것은 알았지만, 사람에 따라 찡그린 얼굴이 왜 아름다운지는 몰랐기 때문입니다. 유감스럽지만, 그대(안연)의 선생도 추녀와 마찬가지의 생각 때문에 곤란을 겪는 것이겠지요!"

전고의 인용 근거가 이처럼 명확하기 때문에 모장과 서시로 풀이하지만, 의도의 짐작은 차후의 문제이며, 일단 주어진 문장대로 풀어야 한다. 거듭 언급했듯이 천자문의 구성에서 가장 중요시한 것은 대장이며, 이는 변려문의 가장 큰 특징이다.

연 시 매 최 희 휘 랑 요
年矢每催 曦暉朗曜
nián shǐ měi cuī xī huī lǎng yào

해(年)라는 화살(矢)이 매양(每樣) 재촉(催)할지라도
해(曦)라는 광채(暉)는 밝게(朗) 비추네(曜)

年(해 년: 나이), 矢(화살 시: 화살), 每(매양 매: 늘), 催(재촉할 최: 재촉하다. 저지
하다)
曦(햇빛 희: 햇빛), 暉(빛 휘: 햇빛. 광채. 빛나다), 朗(밝을 랑: 밝다), 曜(빛날 요:
빛나다. 비추다)

두 구는 일반적으로 세월은 유수처럼 빨라 늙음을 재촉하는데, 태양
은 영원히 밝게 빛난다고 풀이된다. 그러나 이러한 풀이만으로는 정확하
게 무엇을 의미하는지 알기 어렵다. 세월이 늙음을 재촉해도 태양은 변함
없이 빛난다는 뜻으로도 여길 수 있겠지만 천자문 전체를 아울러 생각해
보면, 그다지 합리적인 추측일 수는 없다. 두 구는 양나라의 무궁한 발
전과 무제의 업적을 칭송하는 뜻으로 보아야 한다. 그렇지 않다면 두 구
는 천지현황 … 일월영측 부분에 포함되어야 한다. 천자문의 실제 내용은
246구까지라고 볼 수 있다.

희휘는 양나라와 무제를 상징하는 뜻으로 보아 유수 같은 세월 속에 모
든 것이 사라져도, 양나라의 융성과 무제의 업적은 밝게 빛난다고 풀이해
야 두 구의 전후로 맥락이 와닿는다. 유수 같은 세월 속에 인생의 덧없음
을 덧붙이는 것이 옛사람의 일반적인 서술이다.

도연명의 〈잡시〉에서는 "인생은 식물의 뿌리와 꼭지가 없는 것과 같고, 표류와 정박의 모습은 길 위의 먼지와 같네(人生無根蒂, 飄如陌上塵)."라고 읊었다. 옛사람의 음영은 대체로 이러한 표현에서 벗어나지 않는다. 맹호연의 〈세모귀남산(歲暮歸南山)〉에는 회재불우한 심정과 유수의 세월을 다음과 같이 표현했다.

北闕休上書 조정을 향해 상소 올리는 일을 그치게 되었고
북 궐 휴 상 서

南山歸敝廬 내가 살던 남산은 황폐해진 농막으로 되돌려졌네.
남 산 귀 폐 려

不才明主棄 재능 없어 현명한 군주는 나를 버렸고
부 재 명 주 기

多病故人疏 병 잦아지자 친한 친구도 소원해졌네.
다 병 고 인 소

白髮催年老 세월은 백발을 재촉한 지 오래되었고
백 발 최 연 로

青陽逼歲除 봄 하늘도 세월을 핍박하며 지나가네.
청 양 핍 세 제

永懷愁不寐 오래도록 둘러싸인 근심에 잠들 수 없는데
영 부 수 불 매

松月夜窗虛 소나무 그림자 비친 달밤의 창문 앞 공허하네.
송 월 야 창 허

주홍사는 도연명이나 맹호연과 등의 관념과는 달리 유수의 세월을 통해 융성을 위한 반전의 표현으로 구성했으니, 제239구 이하에서도 그러한 생각을 엿볼 수 있다.

선기(璿璣)는 하늘에 매달려(懸) (영원히) 돌고(斡)

그믐달(晦魄)은 선회(環)하면서 점점 밝게 비추네(照)

璿(옥 선: 옥. 옥돌. 별의 이름), 璣[구슬 기: 구슬. 별 이름. 선기(천문 기계)], 懸(달
현: 매달다. 매달리다), 斡(돌 알: 돌다. 돌리다)

晦(그믐 회: 그믐), 魄(넋 백: 몸. 달), 環(고리 환: 둥근 옥. 선회하다), 照(비칠 조:
비치다. 비추다)

　두 구 자체만으로는 천체의 모습을 설명한 것에 지나지 않는다. 단순히
천체의 모습만을 나타내려 했다면, 당연히 천지현황 … 율려조양 부분에
서 나타내야 한다. 그러나 제237, 238구와 연계시켜 보면, 두 구는 양나라
의 무궁한 발전을 기원한 표현이라고 생각된다. 북두칠성 앞 네 개의 별
또는 북두성, 북극성을 가리키기도 한다. 즉, 선기는 영원히 하늘에서 돌
고, 그믐달은 점점 커져 밝게 빛나듯이 양나라의 융성 또한 그러할 것이
라는 염원을 담은 표현이다.

指薪修祜 永綏吉邵

지 신 수 호 영 수 길 소

zhǐ xīn xiū hù yǒng suí jí shào

섶(薪)을 지향(指向)하여 복(祜)을 닦으면(修)
정기(旌旗)를 영원히 세워 소(邵) 지방까지 길(吉)하게 할 것이네

指[가리킬 지: 손가락. 마음(旨). 곧추서다. 아름답다], 薪[섶 신: 섶(땔나무를 통틀어 이르는 말)], 修(닦을 수: 닦다. 베풀다. 행하다), 祜(복 호: 복. 행복)

永(길 영: 길다. 길게 하다. 길게 늘이다), 綏[편안할 수: 편안하다. 기의 장식. 줄. 기(旗). 갓끈(緌)], 吉(길할 길: 길하다), 邵(땅 이름 소, 성씨 소: 땅 이름. 성의 하나. 아름답다)

두 구의 정확한 풀이는 수(綏)와 소(邵)에 달려 있다. 수를 정기, 말고삐, 갓끈, 소를 소 지방 또는 소씨로 보지 않는 한 지신수호와 대장이 이루어지지 않을뿐더러 풀이도 어색하다. 소를 지명으로 풀이할 경우, 지금의 원곡현(垣曲縣)으로 상고 시대 순임금의 고향이다.

소 지방은 위진남북조 시대에 북위(北魏 386~534)에 속했다. 즉, 양나라는 북위를 토벌하여 정기를 세울 수 있을 것이라는 풀이도 가능하다. 양무제는 양나라를 개창하기 전, 제(齊)나라 시기에 두세 차례 북위(北魏)의 공격을 막아, 명제(明帝)의 총애를 받은 바 있다. 성씨로 보면 소씨는 삼황오제의 한 사람인 황제(黃帝)의 후예로 왕족 성씨이다. 무제의 본명은 소연(蕭衍)으로 소(邵)와 소(蕭)는 발음이 같다.

신은 신수(薪水)의 줄임말로도 보아도 무방하다. 땔감과 물은 인간의

삶에 가장 필요한 것이다. 땔나무가 타서 불을 밝히듯이, 자신을 희생하여 타인을 도와 복을 쌓으라는 뜻으로 구성되었다. 〈주흥사전〉의 위아운지(爲我韻之)에서 알 수 있듯이 무제는 자신을 위해 시문을 지어 올리도록 명령했으므로, 이 구는 무제가 나라를 다스리는 마음가짐을 충간한 구로도 풀이된다. 두 구는 일반적으로 선행으로 복을 쌓으면 영원히 편안하고 길할 것이라고 풀이되면서, 《장자·양생주(養生主)》를 근거로 든다. 그러나 지신(指薪)은 복을 쌓는 일과는 관계가 없다. 〈양생주〉에서 첫 부분의 주요 내용을 살펴보면 다음과 같다.

인간의 생명은 유한한 데 비해 지식의 영역은 무한한 것이다. 이 유한의 생명으로 무한 영역의 지식을 추구하면, 틀림없이 몸은 피로해지고 신경은 손상될 것이다. 그런데도 이러한 지식을 추구해 나간다면, 결국은 위험한 일로서 끝맺을 뿐이다.
착한 일을 하더라도 명성을 가까이 하지 말고, 나쁜 일을 하더라도 형벌의 치욕까지는 가까이 하지 않아야 한다. 혈맥에 근원해야 신경을 치료할 수 있듯이, 중간을 취해 상도로 삼아야 몸을 보호할 수 있고, 생명을 온전하게 할 수 있고, 부모를 봉양할 수 있고, 천수를 다할 수 있다.

일반적으로 장자의 양생 도리는 자연에 순응하고 외물에 얽매이지 말라는 뜻으로 풀이하지만, 첫 부분의 내용은 소극적인 행위로 온전히 몸을 보전하려는 술책에 지나지 않는다. 선악을 초월한 대도의 길로 들어서야 진정한 삶을 누리는 것이라는 해석은 첫 부분만으로는 지나친 측면이 있다. 〈양생주〉에서의 본의는 후반부인 노자의 죽음에 관한 서술에서 살필 수 있다.

노자가 죽자 친구인 진실(秦失)이 상문 와서 크게 세 번 곡하고 물러났다. 노자의 제자가 물었다. "당신은 우리 선생님의 친구가 아닙니까? 그런데 이처럼 조문해도 됩니까?"

진실이 대답했다. "그렇다. 원래 나는 저 사람이 외물에 초탈한 사람이라고 여겼지만, 지금 와서 보니 절대 그렇지 않다는 것을 알았다. 노인은 마치 자신의 자식이 죽은 듯이 곡하고, 젊은이는 마치 자신의 부모가 죽은 듯이 곡한다. 그들이 이러한 조문 상황을 초래했으나 이처럼 곡할 필요가 없는데도 곡한다. 이러한 상황은 자연의 법칙을 거스른 것이며, 세속의 감정을 따른 것으로, 사람의 생명이 자연으로부터 받았다는 사실을 잊은 행위이다.

옛날에는 이러한 방법을 자연의 법칙을 위반하여 초래한 형벌로 여겼다. 어떤 사람이 자연의 순리에 따라서 이 세상에 왔듯이, 노자 역시 자연의 순리에 의해서 이 세상에 왔을 뿐이다. 어떤 사람이 자연의 순리에 따라서 이 세상을 떠났듯이 노자 역시 자연의 순리에 따라서 이 세상을 떠났을 뿐이다. 천시에 따라 태어났고, 천시에 순응하여 돌아갔을 뿐이므로, 슬픔과 즐거움의 감정을 마음속에 들일 수는 없는 것이다(安時而處順, 哀樂不能入也). 옛날에는 이러한 상황을 자연의 해탈이라 여겼다.

기름은 땔감으로 모두 소진되었지만, 불의 유전은 그 끝을 알 수 없다(指窮於爲薪, 火傳也, 不知其盡也)."

마지막의 '指窮於爲薪' 구에 근거하여 지신수호는 〈양생주〉에서 근거한다고 여긴다. 그런데 마지막 구는 그 뜻이 명확하게 드러나지 않아서 견해가 분분한 구다.

첫째, 지(指)는 지(旨 마음)로 보아 마음이 지극해지면, 이로써 몸은 땔감처럼 (사라질지라도), 불과 (같은 정신의) 유전은 그 끝을 알 수 없다고 풀이된다. 둘째, 기름의 뜻인 지(脂)와 통한다고 보아 기름은 땔감으로 소진될지라도, 불의 유전은 끝을 알 수 없다고도 풀이된다. 이때의 기름은 주로 짐승의 기름을 뜻한다.

두 가지 풀이에서 공통점은 기름이나 땔감은 육체, 불은 정신을 뜻한다고 여긴다. 후인들은 신화상전(薪火相傳), 신진화전(薪盡火傳)으로 조어하여 형체는 사라져도 정신은 영원하다고 풀이하기도 하고, 학문과 예술은 대대로 유전된다는 뜻으로도 사용한다.

그러나 아랫부분인 영수길소와 연관 지으면, 무리가 따를 수밖에 없다. 진실의 조문에서 나타났듯이 장자의 본의는 쾌락이나 길상과는 관계가 없다. 두 구는 〈양생주〉를 근거로 들 필요 없이, 자의만으로도 충분히 통한다. 〈양생주〉의 뜻으로 풀이한다면, 8인의 노력을 서술한 제229구에서 234구까지의 내용과, 이어지는 제243구에서 제246구까지의 내용과 연계되지 않는다.

제243·244구 **矩步引領 俯仰廊廟**

제왕은 걸음(步)을 법도(矩) 있게 하고 목(領)을 당겨(引)

제왕은 낭묘(廊廟)를 굽어보고(俯) 쳐다보네(仰)

矩(모날 구, 법도 구: 모나다. 모서리. 법도), 步(걸음 보: 걷다), 引(끌 인: 당기다. 인도하다), 領(거느릴 령: 거느리다. 목)

俯(구부릴 부: 구부리다), 仰(우러를 앙: 우러러보다. 앙모하다), 廊(사랑채 랑, 행랑 랑: 회랑), 廟[사당 묘: 사당. 태묘(太廟)]

낭은 회랑, 묘는 태묘(太廟)로 조정을 가리킨다. 제242구에 이어 양나라의 흥성에 자긍심을 가진 제왕의 평소 몸가짐을 나타내었다.

속 대 긍 장 배 회 첨 조
束帶矜莊 徘徊瞻眺
shù dài jīn zhuāng pái huái zhān tiào

(제왕은) 관대(冠帶)를 단속(團束)하고 긍지(矜持)와 장중(莊重)함을 갖추어

(제왕은) 배회하며(徘徊) (천하를) 바라보고(瞻) 바라보네(眺)

束(묶을 속: 묶다. 동여매다), 帶(띠 대: 띠. 띠를 두르다), 矜(자랑할 긍: 자랑하다. 엄숙하다), 莊(씩씩할 장: 단정하다. 장중하다)

徘(어정거릴 배: 노닐다), 徊(머뭇거릴 회: 노닐다. 배회하다), 瞻(볼 첨: 바라보다), 眺(바라볼 조: 바라보다)

배회는 일반적으로 방황하거나 쓸쓸함의 정조를 나타내는 말로 쓰이지만, 한 지방을 왕래하다는 뜻도 있다. 이 구에서는 후자의 뜻으로 쓰였다. 제238구부터 앞의 구에서의 배회는 단순한 배회가 아니라 대업을 이룬 제왕의 여유 있는 걸음을 뜻한다. 제246구까지는 천자문의 실제적인 결론에 해당한다. 먼저 각각 독립된 구로 풀이하여 나타내면 다음과 같다.

年矢每催 세월은 쏜 화살처럼 늙음을 재촉하지만

曦暉朗曜 태양의 광채는 영원히 빛나네.

璇璣懸斡 선기라는 천구는 높이 걸려 돌고

晦魄環照 달은 고리와 같이 돌며 천지를 비추네.

指薪修祜 옳은 일을 행하여 복을 닦으면

永綏吉劭 정기를 영원히 세워 원했던 소 지방까지 길할 것이네.

矩步引领 걸음을 바로 걷고 위의가 당당하며

俯仰廊庙 낭묘에 있는 것으로 생각하고 예의를 다하네.

束帶矜莊 의복에 주의하여 단정히 함으로써 긍지를 가지니

徘徊瞻眺 오갈 때 사람들이 우러러보네.

표현에 다소 차이는 있을지라도 대체로 위와 같이 풀이된다. 두 구만으로는 그런대로 수긍할 수 있지만, 전체적인 맥락의 연결과는 거리가 멀다. 그러나 전체적으로 연결되지 않고 단순한 두 구의 독립된 구성이라면 천자문의 가치는 현저히 줄어들 수밖에 없다. 상주문인 이상, 문장 구성은 기승전결이 필요하다. 이 부분은 천자문의 실제적인 결론에 해당하며, 전후의 맥락을 이어 다음과 같은 상주문의 뜻으로 풀이해 둔다.

年矢每催 해라는 화살이 매양 재촉하여 모든 것이 변할지라도

曦暉朗曜 해라는 광채는 양나라를 변함없이 밝게 비춥니다

璿璣懸斡 선기가 하늘에 매달려 돌듯 양나라는 영원할 것이며

晦魄環照 그믐달은 선회하여 보름달로 양나라를 비출 것입니다.

指薪修祜 제왕이 땔나무가 되어 백성에게 복을 닦으면

永綏吉邵 정기를 영원히 세워 소 지방까지 길하게 할 것입니다.

矩步引领 양나라 융성에 제왕의 자세는 법도 있고 당당하며

俯仰廊庙 조정을 이리저리 굽어살필 것입니다.

束帶矜莊 관대를 단속하고 긍지와 장중함을 갖추어

徘徊瞻眺 배회하며 천하를 바라보게 될 것입니다.

고 루 과 문 우 몽 등 초
孤陋寡聞 愚蒙等誚
gū lòu guǎ wén　yú méng děng qiào

천자문은 고루(孤陋)하고 작은(寡) 견문(見聞)으로 구성된 문장이어서
우매(愚昧)하고 몽매(蒙昧)한 등급(等級)이므로 꾸짖어(誚) 주기를 바라네

孤(외로울 고: 고루하고 무지하다), 陋(더러울 루: 천하다), 寡(적을 과: 수량이 적
다. 작다), 聞(들을 문: 견문. 식견)
愚(어리석을 우: 어리석다), 蒙(어두울 몽: 사리에 어둡다. 어리석다), 等(무리 등:
무리. 등급), 誚(꾸짖을 초: 책망하다)

천자문의 실제적인 구성은 제246구까지라고 볼 수 있다. 자신의 낮은 식
견으로 인해 보잘것없는 문장으로 구성되었다는 겸손을 나타낸다. 문인들
이 글을 맺을 때의 상투어에 가깝다. 질정(叱正)을 바란다는 뜻과 같다.

제249·250구 謂語助者 焉哉乎也
wèi yǔ zhù zhě yān zāi hū yě

(한편으로) 지금까지의 말(語)로 고하여(謂) 도움(助)이 되고자 하니(者)

(경시하면) 오랑캐(焉)의 재앙(哉)이 보다(乎) 더 잇달을(也) 것이네

謂(이를 위: 일컫다. 알리다. 고하다. 힘쓰다), 語(말씀 어: 말씀. 말. 논어의 약칭),
助(도울 조: 돕다. 구조), 者(놈 자: 놈. 것)
焉[어찌 언, 오랑캐 이: 어찌. 오랑캐(이)], 哉[어조사 재: 어조사. 비롯하다. 재난.
재앙(哉災)], 乎[어조사 호: ~에, ~보다(於). 아!], 也(잇기 야, 어조사 야, 잇달을
이: 잇기. 어조사. 잇달다)

　(공자가 일컫기를 '안회는 자신의 말에 기뻐만 하므로 도움 되는 것이
없다'는 말을 역설적으로 인용한다면), 성왕의 길을 따르지 않는 왕에게
는 오랑캐의 재앙이 지금보다 더 잇달을 것이라고 풀이할 수 있다. 위(謂)
를 힘쓴다는 뜻으로 보면, 지금까지 드린 말씀대로 힘쓴다면 도움 될 것
이라고 풀이되어 뜻이 더욱 명확해진다. 두 구를 독립적으로 풀이할 때
는 당연히 '언재호야'라고 읽고 어조사로 풀이해야 하지만, 앞부분과 연계
시키면 제248구까지의 풀이와는 전혀 어울리지 않는다. 마지막 부분은
총결이어야 한다. 여태까지 정치, 문화, 역사, 지리, 인류, 자연, 은거, 칭송
등을 거론했는데 마지막 부분에 뜬금없이 어조사의 모음으로 끝맺는다
는 것은 이해하기 어렵다.

　언은 이(夷)와 같이 오랑캐의 뜻으로도 쓰인다. 호는 ~보다는 뜻도 있

다. 야가 잇따른다는 뜻일 때에는 이로 읽는다. 매우 드물게 쓰인다. 재는 재(裁)와 통하며, 재는 재(災)와 같다. 재앙. 화재. 천벌을 뜻한다. 《관자·경중정(輕重丁)》의 재조(哉兆)에 근거한다. 관자가 환공에게 말했다.

"지진은 온역의 재앙이 일어날 조짐이어서, 나라에는 통곡 소리가 가득 찰 것입니다. 태풍 역시 온역의 재앙이 일어날 조짐입니다(投之哉兆). 하늘에 창을 뜻하는 수창성(手枪星)이 나타나면, 그 나라 군주는 반드시 치욕을 당하게 될 것입니다."

천자문을 완성하기 위해 얼마나 고심했던지, 하룻밤 사이에 백발이 되었다든가, 마지막 16구를 완성하지 못해 고심하다가 잠깐 잠든 사이에 현인이 꿈속에 홀연 나타나 계시했다든가 하는 민간 전설이 전한다. 둘 다 당연히 믿기 어렵지만, 현인의 계시 전설은 곱씹어볼 만할 필요가 있다. 제246구까지 구성한 후에는 단지 16자가 남았을 뿐이다. 고루과문, 우몽등초, 위어조자, 언재호야의 구성은 상식적으로 생각하면 다른 구에 비해 매우 쉽게 구성될 수 있는 말이다. 그런데도 마지막 부분을 완성하지 못해 현인의 계시를 받았다는 말은 제아무리 천자문의 완성을 미화시키는 이야기일지라도 황당할 뿐이다. 이 말을 뒷받침하기 위해서는 무제의 일생을 살펴볼 필요가 있다.

무제의 이름은 소연(蕭衍 464~549)으로 남북조 시기 양나라 정권의 설립자이며 재위 기간(502~549)은 47년이다. 소연은 난릉(蘭陵) 소씨이며, 서한 시대의 재상인 소하(蕭何)의 25세손이다.

남조 제(齊)나라 시기에 소연은 여러 차례의 승진을 거쳐 옹주자사(雍州刺史)가 되었는데, 이 기간에 두세 차례 북위(北魏)의 공격을 막아, 제나라 명제(明帝)의 총애를 받았다. 남북조 시대는 중국 역사상 매우 분열이 심했던 시대였다. 영원(永元) 2년(500)에 소연은 군대를 일으켜 당시 제나라 6대 황제였던 소보권(蕭寶卷 재위 483~501)을 축출하고, 소보융(蕭寶融 재위 501~502)을 옹립했다. 소보권은 명제의 둘째, 소보융은 명제의 8번째 자식이다. 502년에 선위(禪位)의 형식으로 소보융을 몰아낸 소연은 제나라를 종식시키고 양나라를 건립했다.

통치 초기에 소연은 정무에 힘을 쏟아, 송, 제 이래의 각종 폐단을 바로잡았다. 재위 기간에서 알 수 있듯이, 남조에서 가장 오래 집권했다. 그러나 나이가 들수록 불교에 탐닉하여 점점 정무에 게을러졌다. 결국, 548년에 장군 후경(侯景)의 난에 의해 감금되어 굶어 죽었다. 그러나 이 당시 나이가 86세였으므로 천수를 다했다고 보아도 무방할 것이다.

주목할 것은 황제로서의 삶이 아니라 문학사적 업적이다. 그는 남북조 시대의 문학 집단인 경릉팔우(竟陵八友)의 한 사람으로 불린다. 경릉팔우는 제나라 무제의 연호인 영명(永明 483~493) 연간에 탄생한 문인 집단으로 소연을 비롯하여 심약(沈約), 사조(謝朓), 임방(任昉), 왕융(王融), 소침(蕭琛), 범운(范云), 육수(陸倕)를 가리킨다. 문학사적으로 남긴 업적이 상당하며 당대 율시 작법의 기틀이 된 영명체(永明體)를 탄생시켰다. 그들이 남긴 영명체(永明體)는 당대 근체시의 모태가 되었을 뿐만 아니라, 대장을 중시하는 문체의 특성으로 인해, 미문으로 널리 알려져 있다.

소연의 문학사적 최대 업적은 《통사(通史)》 600권을 저술하게 한 데 있으며 그가 직접 서문을 썼다. 《주역강소(周易讲疏)》, 《춘추답문(春秋答問)》, 《공자정언(孔子正言)》 등 200여 권을 찬술하게 했고, 80여 편의 시문도 전해진다. 이처럼 학문적 재능이 뛰어난 소연에게 인정받는다는 것은 쉽지 않은 일이었을 것이며, 하룻밤 또는 며칠간의 여유가 있었다 할지라도 집필을 명령받은 주흥사의 입장으로서는 머리가 하얗게 셀 정도의 고심이 뒤따랐을 것이다.

굳이 이러한 바탕 위에서 생각하지 않더라도 '언재호야'는 단순히 어조사의 구성만으로 생각할 수 없는 것이다. 꿈속에 현인이 나타나 이와 같은 구성을 하라고 계시를 받았다는 일화는 교묘하게 은유적 암시로 결론을 맺었다고 보아야 한다. 또한 고뇌하게 만든 상대에게 문사로서 할 수 있는 통렬한 반격이기도 하다.

위어조자는 《논어·선진(先進)》에서 근거를 찾을 수 있다. 공자가 말했다. "안회는 나에게 도움 되는 바가 없다. 내 말에 기뻐하지 않은 적이 없으니(回也非助我者也. 於吾言無所不說)!"

자신의 견해에 때로는 이견을 제시해야 학문의 발전이 있을 것인데, 무슨 말을 하든 기뻐만 하니, 공자 자신에게 전혀 도움이 되지 않는다고 한 말은 반어법을 통한 칭찬의 극치이다. 이러한 반어법의 구성이 두 구에도 적용되었다고 보아야 할 것이다. 재(哉)는 재(菑)와 통한다. 재(菑)는 《시경·소민(召旻)》에서 찾을 수 있다. 민은 어리석은 군주를 비유하는 부정적인 의미로 쓰였으며, 소는 알리다, 초래하다의 뜻이므로 소민은 어리석은 군주를 깨우쳐 주다는 뜻이다. 어리석은 군주인 유왕(幽王)을 깨우치려 한 신하의 작품으로 알려져 있다.

旻天疾威 군주라는 하늘이 백성에게 해를 끼치고 위협한다는 것은
민 천 질 위
天篤降喪 하늘이 심하게 재앙을 내리는 것과 같다네.
천 독 강 상
瘨我飢饉 하늘이 우리에게 기근의 재앙을 내리면
전 아 기 근
民卒流亡 백성들은 살길 없어 유랑하고 도망쳐
민 졸 유 망
我居圉卒荒 우리나라 전역은 모두 황폐해진다네.
아 거 어 졸 황

天降罪罟 군주라는 하늘이 오히려 충신에게 죄의 그물을 내리니
천 강 죄 고

蟊賊內訌 간신이란 해충은 내홍을 일으키네.
모 적 내 홍

昏椓靡共 혼란을 일으키고 훼방하며 서로 힘을 합하지 않으며
혼 탁 미 공

潰潰回遹 나라를 어지럽히고 간사하고도 비뚤어졌으니
궤 궤 회 휼

實靖夷我邦 이러한 모의는 우리나라를 재앙에 빠트리네.
실 정 이 아 방

皋皋訿訿 간신은 군주를 농락하고 충신을 헐뜯는데도
고 고 자 자

曾不知其玷 결국 군주는 간신의 결점을 알지 못하네.
증 부 지 기 점

兢兢業業 백성들은 전전긍긍하며
긍 긍 업 업

孔填不寧 매우 오래도록 안녕하지 못하고
공 전 불 녕

我位孔貶 나의 직위 또한 매우 낮아졌다네.
아 위 공 폄

如彼歲旱 군주의 저 모습은 가뭄이 든 것과 같으니
여 피 세 한

草不潰茂 민초는 문드러지고 무성할 수 없을 뿐만 아니라
초 불 궤 무

如彼栖苴 저 모습은 서식하던 민초를 시들게 하는 것과 같다네.
여 피 서 저

我相此邦 내가 이러한 나라를 보게 될 줄이야!
아 상 차 방

無不潰止 붕괴되지 않은 곳이 없으니!
무 불 궤 지

維昔之富不如時 아아! 지난날 백성이 부유할 때는 이러지 않았으며
유 석 지 부 불 여 시

維今之疚不如茲 아아! 지금의 가난은 이 땅에 없었는데!
유 금 지 구 불 여 자

彼疏斯粺 저 백성들은 피를 먹는데 군주만 정미한 곡식을 먹으니
피 소 사 패

胡不自替 어찌 절로 교체되지 않을 것이며
호 불 자 체

職兄斯引 하물며 군주의 직위가 더 연장될 수 있겠는가!
직 황 사 인

池之竭矣 연못물이 고갈되듯 나라가 망할 때는
지 지 갈 의

不云自頻 연못 가장자리의 민초로부터 시작되고
불 운 자 빈

泉之竭矣 샘물이 고갈되듯 군주가 망할 때는
천 지 갈 의

不云自中 원천인 군주 자신으로부터 시작된다네.
불 운 자 중

溥斯害矣 광대한 이 재앙에도 불구하고
부 사 해 의

职兄斯弘 군주의 횡포가 오히려 커져만 가니
직 황 사 홍

不裁我躬 어찌 내 몸에도 재앙이 미치지 않겠는가!
부 재 아 궁

昔先王受命 지난날 선왕이 천명을 받았을 때는
석 선 왕 수 명

有如召公 저 소공과 같은 현신이 있었다네.
유 여 소 공

日辟國百里 매일 개척되는 국토가 백 리였는데
일 벽 국 백 리

今也日蹙國百里 지금은 매일 축소되는 국토가 백 리에 이르네.
금 야 일 축 국 백 리

於乎哀哉 오호! 슬프도다!
어 호 애 재

維今之人 지금 이 군주라는 사람은
유 금 지 인

不尙有舊 어찌하여 지난날 소공 같은 나의 충고를 숭상하지 않는가!
불 상 유 구

이처럼 〈선진〉의 구절과 〈소민〉에 근거하지 않을지라도, 위어조자, 언재호야가 문장을 구성할 때, 보조하는 말은 언재호야 같은 어조사라고 풀이될 수는 없는 것이다. 〈이소(離騷)〉의 총결 부분인 〈난왈(亂曰)〉을 비롯해서 역대 어느 시문을 보더라도 '언재호야는 어조사'처럼 수준 낮게 끝맺는 문장은 없다. 어린아이의 문장이 아닌 이상 이렇게 맺을 수는 없는 것이다. 〈사자소학(四字小學)〉에서조차도 "지금까지 교훈은 팔십 세 노인의 말이 아니라 성현들의 말씀"이라고 끝맺는다.

주흥사의 촌철살인 재능은 바로 마지막 두 구에서 찬란하게 드러났다고 볼 수 있다. 그러므로 언재호야는 언재호야가 아니라 이재호이로 풀이되어야 한다.

제257구부터 이어서 생각하면 지금까지 치국의 도리를 설명한 내 뜻을 이해하지 못하고, 정무에 소홀히 하면, 오랑캐의 침입으로 나라가 망할 것이라는 주흥사의 준엄한 충간으로 풀이되어야 할 것이다.

천자문이 전래된 이래로 이러한 풀이는 전례를 찾기 어려우므로 매우 조심스럽게 문제를 제기하며 본서의 끝을 맺는다.